僕たちは育児のモヤモヤをもっと語っていいと思う

常見陽平
働き方評論家

自由国民社

はじめに

「普通の女の子に戻りたい」

１９７０年代に活躍した３人組女性アイドルグループ、キャンディーズが１９７７年に解散を発表した際に、メンバーの伊藤蘭さんは泣き叫びながらこう言ったそうです。

「普通の男の子に戻りたい」

たまに、こう思う瞬間があります。気づけば中年です。男の子には戻れません。人生は公私ともに、それなりに充実しています。でも、思う存分働き、遊ぶことができた若い日にはもう戻れません。仕事と育児・家事の両立にモヤモヤする日々を送っている自分がいます。みなさんも、モヤモヤしていませんか？

私は今、45歳。大学で教員をしつつ、評論家として活動しています。ただ、実際は私にもっともふさわしい肩書きは「主夫」かもしれません。というのも、平日でも１日平均約６時間、育児・家事に没頭しているからです。

「平成28年社会生活基本調査」（総務省統計局）によると、６歳未満の子どもを持つ日本人男性が家事関連に使う時間は１日平均で83分。女性で４５４分です。私は一般的な日本人男性よりも、女性並みに家事に関わっています。国際比較をしても、私の１日平均６時間という値は遜色ないものです。

保育園の送り迎えだけでなく、すべての食事を私がつくり、皿洗いやゴミ捨てや買い出しを担当しております。掃除、洗濯もたまに担当しております。

2年前、子どもを授かりました。外資系IT企業でフルタイム勤務している1歳年下の妻と一緒に子育てに取り組んでいます。

5年にわたる妊活、賛否を呼んでいる出生前診断《しゅっしょうぜんしんだん》、危険性も指摘されている無痛分娩など、すべてをフルコースでやりました。「保育園落ちた、日本死ね」という言葉で待機児童問題を認識し、妻は「保活」にも取り組み10以上の保育園を見学しました。

おかげさまで保育園にも入ることができ、夫婦で子育てを楽しんでいます。子育ては感動の連続です。娘はすくすくと育ち、言葉を覚えています。先日は、テイクアウトで買った餃子を一緒に食べようかと思ったら、いつの間にかもう蓋をあけて食べ始めていて驚きました。じゃんけんも覚えました。娘、いつも私に圧勝です。

しかし、私は常にモヤモヤしています。育児・家事に没頭することは楽しいですが、家族の笑顔以外の見返りはまったくありません。若い頃のように、仕事に没頭できない日々にモヤモヤしています。以前は、月に20本の連載を抱え、年に7冊の書籍をリリースしていた時期もありました。さすがにその時期は働きすぎだとは思いましたが、ここまでとは言いませんが、十分に働くことができず、モヤモヤしている自分がいます。

一方、メディアでは「ワンオペ育児はけしからん」「男性も育児に参加を」などという意見が叫ばれています。私もその論自体にはいちいち賛成です。ただ、これだけ没頭しても、誰にも褒められず、仕事がおろそかになり、人生を100歳まで生き抜けるか、不安でいっぱいな自分がいます。男性を仮想敵にした論調も気になっています。

でも、このモヤモヤは、働く女性たちが今までも感じてきたことなのですね。やっと当事者として気持ちがわかったような気がします。

この本は、そんな育児に関するモヤモヤに向き合った本です。今どきの育児の当事者として、実体験をもとに考え、問題提起したいと思います。

私は別に、子どもを「お受験」で有名私立に入れたわけでも、ましてや東大や一流企業に入れたわけでもありません。子どももひとりだけです。共働きで何人も育てているわけでも、シングルで育てているわけでもありません。育児に関しては素人です。

ただ、育児や家事に関わる主夫として、これから男性がどのように生きるべきかについて、さらには夫婦のあり方について問題提起したいと思い筆をとった次第です。議論の発火点になればと思っております。

それではさっそく、始めましょうか。

目次

2章 家事は、労働だ！

3章 妊活は、愛だ！

4章 仕事は、やりくりだ！

5章 優先順位は、いのちだ！

1章

育児は、レースだ！

43歳にして、父になる

私は大学教員です。評論家としても活動しています。専門分野は労働社会学です。千葉商科大学国際教養学部の専任講師になったのは、2015年、41歳のときです。前年までの仕事は、フリーランスのコンサルタント、評論家、大学の非常勤講師。執筆や講演、コンサルティングの仕事をして稼いでいました。その前年は大学院生です。38歳で一橋大学大学院社会学研究科修士課程に進学。2年間、20代の「同期」たちと一緒に大学院生活を送っていたのです。

もともとは、会社員でした。札幌の高校を卒業後、一橋大学社会学部に入学。竹内弘高教授（現ICU理事長、ハーバードビジネススクール教授）との出会いによって商学部に転学部し、卒業後はリクルートに入社しました。リクルートには31歳まで勤め、その後、バンダイに転職。リクルートを辞めたときの退職金を頭金にして、独身時代に現在住んでいる3LDKのマンションを購入しました。

バンダイでは人事部で働いていました。ちょうどナムコと経営統合し、バンダイナムコグループになった頃で、企業変革の過渡期を見ました。バンダイに勤めている間も執筆を依頼されることがあり、ライターとして活動し、書籍も発表しました。著者としての単行本デビューは33歳でした。

バンダイ時代に、妻と交際を開始。34歳で人材コンサルティング会社に転職し、その年のクリスマスイブに妻と結婚しました。妻は当時33歳でした。

執筆の仕事が本格化したのは人材コンサルティング会社に入ってからです。朝から晩まで会社の仕事をして、早朝と休日に執筆の仕事をする。当時、妻からは「あなたに休日はない」「一緒にいるけど一緒にいない」「このままでは産めない」と言われ続けました。

平日は仕事が忙しい。休日は執筆だけでなく、著者としての書籍のプロモーションイベントや、編集者との打ち合わせを兼ねた食事などもありますから、時間はいくらあっても足りません。文字どおり「死にものぐるいで働く」を実践していたと言っても過言ではありませんでした。

15年間、サラリーマンとして働きましたが、38歳で退職。大学院に進学しました。私の両親は大学の教員でしたから、「いつかは自分も大学で教えたい」という気持ちがありました。40歳を前に、夢を叶えるための最後のチャンスだと思いました。母から「お前は才能がある。だけど、勉強が足りない」と言われたこともきっかけでした。

フリーランスの仕事をしながら大学院に通っていた2年間、我が家の月給取りは妻だけでした。現在もそうですが、妻は外資系のＩＴ企業でフルタイム勤務をしています。端で見ていると、忙しく、大変な仕事だと思います。ふだんは定時に帰ってきますが、仕事に波があり、大きな案件が入ると、残業が続いて帰りが遅くなります。

この頃から我が家では、**私が食事をつくるようになりました**。もともと料理は好きですし、家事をすることは、私にとってまったく苦にならないことでした。

結婚についても、とくにこだわりはありませんでした。結婚してもいいし、しなくてもいい。多くの30代独身男性がそうであるように、あまり考えていなかったと言ったほうがいいかもしれません。でも、縁あって出会い、ほとんど半同棲のような生活をしていたので、このまま結婚してもいいかもな、という感じで結婚しました。

子どもはいてもいなくてもいいし、このままふたりで自由気ままな生活を続けていくのもいいと思っていました。どちらかというと、子どもがいる生活を思い描くことは難しかったように思います。

子どもが欲しいと思ったのは30代後半になってからです。

ただ、私たち夫婦に、子どもはすぐにはできませんでした。

妻が不妊治療を始めたのは、私が大学院に通い始めた頃。私は自分のことに忙しく、クリニックへ一緒に行くことはありませんでした。もちろん、妻の話は聞きました。でも、自分から積極的に行動することはなかったのです。そこは、今、深く反省しています。

妻は、妊娠するためによいとされることは、あらゆることをやっていました。ホルモンのバランスがよくないと言われれば専門のクリニックに出向き、体質改善が必要だと言われれば漢方薬を飲む。ただ、不妊治療は、とてもたくさんのお金と時間がかかるものです。精神的にも参ってしまったり、諦めそうになったりもします。「修業」だと呼ぶ人もいます。行ったり行かなかったりという状態が3、4年続きました。

振り返ってみて思うことは、**私がもう少し真剣に考えるべきだった**ということです。正直なところ、当時は「そこまでしなければいけないのか」という思いもありました。小学生の頃、テレビで見た人工授精にまさかお世話になるとは思いませんでした。子どもを授かるためには精神的にも、時間やお金も、ここまで負荷がかかるものなのかと感じました。まったく分かっていなかったことが、今ならわかります。

「たいてい夫婦で来ているよ」と妻に言われて、私も一緒にクリニックへ行き、原因が自分にあると知ったときは本当に驚きました。同時に、それまで無頓着だったことを申しわけなく思いました。

結果的に私たち夫婦は、子どもを授かることができました。娘が生まれたとき、私は43歳、妻は42歳になっていました。

育児は、レースである

朝5時に起きるところから、私の一日が始まります。最初にすることは、お風呂に入りながら防水仕様のスマートフォンで朝刊を確認することです。毎朝購読している7紙の朝刊を読み比べています。せめてタブレットで、できればコーヒーを飲みながら新聞を読む時間が欲しいのですが、やむを得ずこうしています。

大げさでもなんでもなく、2017年に娘が生まれてからというもの、**自分の思いどおりになる時間はほとんどなくなりました**。その中で唯一といえるのが、娘が起きてくる7時までの時間。この時間だけが、唯一、自分の自由になる時間です。

2時間のあいだに、お風呂に入って新聞を読み、お風呂から上がって、自分の支度。このとき床を濡らすのでよく妻に叱られます。濡れないように努力していますが、叱られたら、謝ります。

あとは、ラジオで話す内容を考えたり、メールを返信したり、連載コラムやブログの原稿を書いたり。どんなに興が乗っても、7時にはピタリとやめて家族の朝ごはんをつくり始めます。料理を「生産」する時間です。

夜に会食が入っている日や出張する日の夜ごはんも、この時間につくります。7時から9時までの2時間は、妻と娘のために使うと決めています。娘を起こして、朝ごはんを食べさせ、着替えさせて、持ち物の準備をして、保育園に送っていく。家族が起きてきたら、**私は仲居さんのように振る舞う**。そういう時間です。

なぜ2時間もかかるのか。

娘が0歳のときは、まず、起床の時間を見はからってお湯を沸かし、哺乳瓶でミルクをつくっていました。うちは保温型のポットを持っていなかったので、そのつど、お湯を沸かしていたのです。お湯の温度をはかり、粉ミルクの量をはかり、ミルクをつくって、適温に冷まして妻に渡す。飲み終わったら、哺乳瓶を洗うことの繰り返し。1歳になってミルクを卒業したとき、本当に楽になったと思いました。母乳は続けているので、妻にはまだひと仕事あるのですが。

1歳になった頃から、大人と同じ朝ごはんを食べています。ところが、**子どもは大人の思いどおりに動いてくれない**ものなのです。思うように食べてくれないときもあるし、突然泣き出すこともあります。自分で食べたがるけれど、まだうまく食べられないので、食卓には食べかすが散らばり、汚れます。

なんとか食べてくれたら、後片づけ。食べ残しを捨て、食洗機に皿などを放り込み、自宅から1キロほど離れた場所にある保育園に連れて行きます。

大学講師の仕事をしているので1限の講義がある日や、朝のラジオ出演がある日、出張に出かけたりする日は、家族より先に家を出ることもしょっちゅうです。家族が起きる前に家を出ることもあります。そういう日は、企業に勤める妻が娘を保育園に送っていきます。大学が長期休みのあいだは、基本的に私が保育園の送り迎えを担当しています。

保育園まで徒歩だと15分、自転車だと7分くらいかかります。私がそのまま外出先へ出かける日は、自家用車で連れて行くときもありますが、コインパーキングに停めなくてはならないので、それなりに時間とお金がかかります。

保育園に着いたら、自宅での様子などを伝えて、着替えやオムツを決められた場所に置きます。娘が通っている保育園は初年度は布おむつを推奨していたので、1歳8カ月までは穿いてきた紙オムツから布オムツに着替えさせていました。皆さん事情は同じなので、「オムツ替え渋滞」もよく起こります。娘がウンチをしていたときは、それなりに処理の時間もかかります。以前は体温も測っていました。

たまに、本人はいたって元気なのに、いわゆる登園基準を満たさない熱が出るときがあります。うちではこれを「37・5℃問題」と言って恐れています。自宅で気づけばお休み、保育園でわかれば連れて帰らなければならないからです。そうなったら、大変。一日のスケジュールはすべて組み直しです。場合によっては、自宅のある墨田区から妻の実家がある埼玉の浦和まで娘を連れて行かなければなりません。

だいぶ慣れてきましたが、朝の2時間は、家族のために使うものだと思わなくてはならないのです。

娘を保育園に送った後は、大学の研究室へ出勤します。講演や打ち合わせなどがあるときは、そのまま外出先へ出かけます。休みの間は自宅の書斎へ戻って仕事をします。

もう、この時点で、すでにクタクタです。一番忙しい日は1限から4限まで講義があって、さらに昼休みと5限に会議があるのですが、こういう日はほぼ機械的に動いているような状態です。書斎で執筆する日であっても、途中で疲れてぼーっとしてしまいます。

平日の仕事は、だいたい18時まで。書斎で仕事をする日は、娘を迎えに行く前にスーパーへ行き、買い出しを済ませます。余裕があれば、部屋やお風呂の掃除をして、ゴミ出しまでやってしまいます。

大学で仕事をする日は、直接保育園に娘を迎えに行きます。通常保育の時間だと間に合わないので、娘は19時15分までの延長保育をお願いしています。娘をピックアップした後、時間が合えば帰宅途中の妻を最寄り駅まで迎えに行って、一緒に買い物をして帰ります。

パパッと手際よくごはんをつくって、みんなで晩ごはんを食べます、片付けが終わると

21時。そこから娘をお風呂に入れて、遊びたがる娘とちょっとだけ一緒に遊んで、寝かしつけます。そうすると、どうしても22時になってしまいます。睡眠時間が子どもに与える影響については素人なのでよくわかりませんが、妻は娘の就寝時間が遅くなってしまうことについて心配しています。

妻は夜のうちに洗濯。私もぐったりして、23時から24時の間には寝てしまいます。そして、翌朝はいつもどおり5時起床。1日6~7時間は家事・育児に関わっています。

この生活を月曜日から金曜日まで、毎日繰り返しているわけです。

徹夜で執筆なんてムリ。

いまは、妻と一緒に子育てレースを走っているところ。伴走でも応援でもなく、**同志として参戦している**最中なのです。子育てを楽しみつつも、子どもが生まれる前よりも働くことのできないモヤモヤを胸に生きています。

育休は、休みではない

娘は1歳になる直前の4月に、保育園の0歳児クラスへ入園しました。妻は産前・産後休業と育児休業を取得し、職場復帰は慣らし保育を終えた5月。それまでの10カ月間は、おもに育休中の妻がメインで、24時間、娘の面倒をみていました。

もちろん、私もできるだけ家にいて、一緒に家事と子育てをするようにしました。「育休」という言葉に「休」という文字が入っているからか、当事者以外は「休んでいるのだから、家事も子育てもできるでしょう」と考えがちです。企業や男性、女性でさえも「育休をとっているんだから」という目で見てしまう。

ところが、とんでもない。**ママに休んでいる時間はまったくありません。**もし、「うちのママはひとりで全部やっていた」と言う人がいたら、それは「育休」という言葉がママの大変さやつらい気持ちを全部覆い隠してしまっていたのではないかとさえ思うのです。

赤ちゃんが家にいて、ママがお世話をしている状況では、ママは常に気が張っていて心身共に余裕がない状態に置かれています。

日中、仕事に出かけているパパは、その姿を見ずに済んでいるだけなのです。

娘は7月生まれ。ちょうど大学の夏休みと重なったので、私自身の育休は取りませんでした。しかし、会社員の人など、育休が取れる環境にある人は取ったほうがいいと思います。権利としても、もっと主張するべきです。

一方で、企業の育休取得実績を増やしたいがために男性に育休を取らせるという、いわゆる「男性の育休取得の目的化」には懐疑的ではあるのですが。私は取っても取らなくてもあまり変わらない時期だったので、取りませんでした。

いずれにせよ、赤ちゃんが生まれた直後には、本当にいろいろな〝事件〟が家の中で起こっているので、夫婦で一緒に体験することはよいことだと思います。私は自宅の書斎で仕事をしながら、〝ミルクの時間にお湯が沸いていない！〟といったような小さな〝事件〟の数々に遭遇し、「これは大変なことだ」と気づきました。

妻の育休中は、書斎に籠もって仕事をしていても、妻から何度もヘルプの声がかかりました。ミルクの蓋を開けてほしい、空になったティッシュを入れ替えてほしい、オムツを持ってきてほしい、買い物に行ってほしいなどなど。

私が書斎にいなければ、なんとかひとりで乗り切ったことかもしれません。でもそれは、小さないのちを守るために、乗り切らなければならないからがんばっていただけであって、難なく乗り切れているわけではないのです。手が届くところに夫がいたら、頼みたいことは山のようにある。それが、赤ちゃんのいる生活なのだということがわかりました。

あの姿を見ていたら、赤ちゃんが家にいるこの時期は、家事と育児を最優先しようと、自然と思えてきました。私は、**妻の〝人間リモコン〟として生活する**ことにしたのです。

台所から水やお湯を運んだり、オムツを運んだり、食器を片づけたりと、家事とも雑用ともつかないことを、毎日毎日繰り返してやり続けました。

もちろん、料理はこれまでどおり私の担当。小さな家事まで全部、赤ちゃんを育てながらママひとりでやるとなると、本当に大変なことです。

私にできることは、料理、皿洗い、風呂洗い、掃除、ゴミ捨て、買い出し、その他雑用。ミルクもつくるし、赤ちゃんをお風呂にも入れます。妻のほうが得意なことはわかっていますが、クオリティを求められなければ洗濯もやる、といったぐあいです。

月並みな家事のことしか思い浮かばないけれど、リモコン操作されればなんでもやります。大事なことは、リモコンが押されたときに、電波の届く場所にいること。そしてバグらないこと。

産後の数カ月で、妻はすっかりママになりました。しっかり者だなと思うし、疲れているなとも思います。

初めて知ったのですが、妊娠を維持するために増え続けた女性ホルモンは、産後急速に減少し、およそ1週間で妊娠前の量に戻るのだそうです。急激なホルモンの変化は、ママの心身によい影響も悪い影響も与えます。産後のママはコントロールの難しいからだで、待ったなしの家事と子育てをしているのです。

この時期、よかったことは、妻が「できるだけ家にいてほしい」ときちんと伝えてくれたことです。そして、私がその要望に応えることができる環境にあったことです。

困ったことは、仕事ができなくなったことです。とくに、自宅の書斎で集中力を要する仕事はやりにくくなりました。これは、物書きには、かなりつらいことでした。まさに、育児のための休業、自主的な育休状態に陥ったのです。

「仕事ができないのは、能力がないからだろう」と言われたらそれまで。しかし、24時間赤ちゃんがそばにいる状況で、仕事も育児も家事もやり切るのは至難の業です。**せめて仕事は休もう**。

やりくりすれば、今以上に原稿を書く時間を捻出することはできると思います。ただ、その分、妻と娘の負担は確実に増えます。そう思うとなかなか踏み切ることはできないのです。

以前のようには仕事をする時間がとれない。それが育休中の悩みです。モヤモヤします。

私をイクメンと呼ばないで

イクメンという言葉が嫌いです。偽善的な臭いを感じます。

『現代用語の基礎知識2019』によれば、イクメンとは「育児に積極的に参加する父親」のことと定義されています。2010年には新語・流行語大賞を受賞するほど、この言葉は一般に広まっています。

たしかに私は育児に積極的に参加する父親です。しかし、**イクメンと呼ばれることには強い抵抗があります**。娘が生まれたことで、「よし！　これで私もイクメンの仲間入りだ」などと、一瞬だって思ったことはありません。

なぜか。

もともと私が、出産・育児系の意識高い系ムーブメントが苦手だということがあります。たしかに不妊治療の末に授かった待望の娘です。人生における貴重な時間だと認識しているので、子育てに真摯に向き合うことに異論はありません。けれど、「別に少子化対策のために子どもを授かったわけではないしなあ」という気持ちが、どうしてもあるのです。

イクメンと持ち上げられたところで、仕事の絶対量は減らないし、忙しさが是正されるわけでもありません。子育て中の夫婦の忙しさの絶対量は解決されないし、イクメン手当てが出るわけでもないのです。

イクメンという言葉は、「男性も育児に参加する」という世論をおこしたという点においては評価するべきものだと思います。最近は、子育て中の社員を理解し、活躍を後押しする**「イクボス」**という管理職のあり方も定着しつつあります。

子育ては大切な仕事です。働く男性が育児に参加すること、育児をする部下を応援する管理職がいることは、誰からも否定されることではありません。

ただし、生産年齢人口が減る中で、仕事の量を減らしたり、難易度を下げたりすることなく、イクメン、イクボスを会社や社会が強要することは、ときに「暴力」になります。しかも、事情も考慮せず「イクメン、イクボスをやらない人はけしからん」と糾弾するのは言葉の暴力です。

いかにも仕事と家庭を両立している理想的なイクメン像、凄母《すごはは》像が喧伝される社会において、なかなかそうはなれずに悩んでいるパパやママもいるのではないでしょうか。私も含めた、そういうパパやママのことを思うと、仕事と家庭の両立を達成している「スゴい人」が華々しく登場する一部メディアの論調には、怒りさえ感じてしまいます。その様子を見て、精神的に参ってしまうことだってあります。

娘はかわいいし、妻にはしあわせでいてほしい。私は私の家族のために、仕事も家事も育児もしています。でも、それは当たり前のことです。共働きをしている夫婦間で役割分担をすることは必然です。

その行為自体を、「イクメン」と持ち上げられることに違和感があります。イクメンが、仕事と育児を両立している「スゴい人」である限り、男性の子育てが当たり前の社会にはなりえないのではないでしょうか。イクメンと言えば言うほど、男性の家事や育児がまだ当たり前のこととして根づいていないということを表明してしまっているのではないでしょうか。

子育てを女性だけが担ってきた時代があり、女性が子育てをしながら仕事を続けることに困難を感じる時代がありました。男性であるだけで優遇されていた時代もあったでしょう。しかし、今は違います。「男性も育児を！」と声高に叫ぶ気持ちもわかるけれど、男性が仮想敵になってしまってはいけないと思うのです。男性だ、女性だと敵対するのではなく、**互いに働きながら協力して子どもを育てる**。そのために何が必要か、見極めなければなりません。

女性の生産年齢人口に対する労働力人口の割合を示す「労働力率」を5歳ごとの年齢階級別でグラフ化すると、Mの文字に似たカーブを描きます。20代後半から30代前半の女性の就業率が下がるために見られる、いわゆるM字カーブといわれる現象です。日本特有のもので、結婚や出産のタイミングで仕事を辞める女性の割合が多かったことが原因です。ところが、M字カーブもこの30年間でその形を大きく変え、台形に近くなってきました。

そうなった理由は、女性の就業率の上昇です。M字の谷が30代前半から40代前半に移っているのは、晩婚化や晩産化も影響しているからでしょう。

もっともM字カーブ解消も、単に解消すればいいだけではありません。働いている女性の割合が増えたといっても、非正規雇用の方が増えたということは手放しでよいことだと礼賛できないでしょう。晩婚化、晩産化だけでなく、非婚化も進んでいます。また「働く女性が増えた」という現象についても、「配偶者の収入だけでは食べていけなくなった」層がいるとしたならば、やはり両手をあげて喜ぶことはできません。

子どもを育てるという行為自体は、どの時代も、常に誰かがやっていたことです。例えば昭和の高度経済成長の時代には、おもに専業主婦が担っていました。また、核家族が定着する前は、同居する祖父母世代が子育てのサポートをしていました。でも、現代の日本でそれを求めるのは難しい。現代は、男性も女性も同じように働きながら子育てをする時代です。

「子育てをしない（ように見える）男性」「子育てをサポートしない（ように見える）男性」を仮想敵にしても、なんの解決にもならないと思うのです。

もう一つ嫌いな言葉に「家族サービス」があります。外食や旅行に「連れて行く」のは、男性から家族に対する「サービス」なのでしょうか。単純に、家族と一緒に、外食や旅行を楽しめばいい。それだけなのではないでしょうか。

子育ては、ママに任せておけばいいものでもなく、イクメンに丸投げされるべきものでもありません。夫婦で力を合わせ、助け合ったり補い合あったりしながら、折り合いをつけてやっていくものです。

もっと言ってしまえば、**子どもは会社や社会全体で、助け合い補い合いながら育てていくべき**なのではないでしょうか。

夫婦は、借りがあるくらいがちょうどいい

今朝も、朝ご飯をつくり、娘を保育園に送って行きました。今週は妻の仕事が佳境に入っていて、子育てにおける私の出番が増えています。

妻は外資系IT企業に勤めているのですが、育児休業が明けて職場に戻ってみたら、1年前とはビジネスモデルも、仕事内容もずいぶん変わってしまっていたと言っています。時代の変化のスピードが本当に速くなっていて、別の部署に移ったような感覚なのだそうです。1歳（当時）の娘がいる女性に、こんなに忙しい仕事を任せるのかと思いましたが、それが妻の仕事です。

保育園の送り迎えだけで言うと、妻の担当は週に送り1回、迎え2回くらいです。それ以外は私が担当することになりました。仕方がない。そこはお互いのやりくりです。妻の

迎えが2回ということは、妻には3回残業をするチャンスがある週だということです。私は2回。その代わり、週末に妻が娘を連れて実家に泊まりに行くときは、私が集中して仕事をする。それが**〝生活のやりくり〟**なのです。

たまに娘が病気になるときがあります。どちらかが仕事を休むなり、在宅勤務に切り替えるなりしなければなりませんが、これもやりくりです。

私が学生だった頃と違い、今の大学は大変に厳しくなっており、休講はできるだけ避けるものになっていますし、必ず補講をしなくてはなりません。講義を休みにすることはできないので、妻が仕事の調整をすることが多くなります。在宅勤務に切り替えたり、ベビーシッターさんを頼んだりします。

タイミングによっては、妻も調整が難しいときがあります。そんなときは、講義は休めないけれど、学内の委員会だけは欠席させてもらうなどして、私が調整します。どうしても調整できなくて、私が都内の自宅から埼玉にある妻の実家まで、車で娘を預けに行ったこともありました。

娘が生まれてから、夜間の仕事はほとんどしなくなりました。飲み会の予定や趣味のライブへ行く回数も減らしました。というか、できなくなりました。

それでも、たまに夜出かけなければならないことがあります。テレビやラジオは突然来てくれと言われることがあるので、急なメディア出演で夜遅くなるときは、「ごめん、お迎えを交代してくれる？」というやりくりをします。

私が借りをつくることもあるし、妻に貸しをつくることもある。このバランスが崩れないように気をつけています。お互い**相手に「ちょっと借りがある」と思えるくらいが、ちょうどいいバランス**なのです。以前のようには働けません。ライバルたちが活躍する様子を見て、焦った時期もありました。正直なところ、自分の意思だけで仕事の時間をとることができない状況はつらく、ジレンマがあります。

とはいえ、**「今しか見ることのできない世界を見に行く」**というスタンスで、子育ての時間を「楽しむようにしている」最中なのです。

保育園へ行くと、私は「愛ちゃんパパ」として子どもたちに認識されています。娘の同級生はまだ2歳だけれど、わかってくれているようです。延長保育は縦割りクラスなので、3歳、5歳の大きいお兄さんやお姉さんたちが、よく声をかけてくれます。

先日は、保護者の方から「広告関係のお仕事ですか」と声をかけられました。見た目では、大学の先生には見えなかったかもしれません。気づけば、見た目も仕事も、どこにも定まらない自分になっているのだけれど、今はそれに耐えるしかないという気持ちです。

そもそも、平日の住宅街に茶髪、長髪の中年男性がいると、いまだに奇異な目で見られる社会なのです。

娘がいる生活は、しあわせです。ただ、「ワーク・ライフ・バランスが充実していてしあわせ」という像を押しつけるな、と言いたい。

端から見ると、私がやっていることは「ワーク・ライフ・バランス」そのものかもしれません。ただ、家事と育児をやってみて思うことは、**「ライフ」は「ワーク」そのものだ**ということです。そして、仕事はサボることができても、子育ては「いのち」がかかっている分、サボることができず、生活のきつさが増すという側面があるのです。

子育てはたしかに楽しい。しかし実際は、葛藤とジレンマの毎日です。一部妥協し、夫婦で貸し借りをつくりながら、一生懸命やりくりしているのが実情です。

じつは、まだ娘が母乳をやめられていないこともあって、娘はママにべったりです。どんなにかわいくても、妻は体力的に、やはり疲れるだろうと思っています。我が家の家事はだいぶフィフティ・フィフティでできていると思いますし、私も結構担っていると思います。でも、精神的なものも含めると、子育ての負担は妻のほうが大きい。私の借りが大きい状態です。

そこで、週末の半日なり一日は、娘とふたりでお出かけするようにして、意図的に妻にひとりの時間をもってもらうようにし始めました。**家族の時間も大切だけれど、ひとりに**

なる時間も大切だと思うからです。

もちろん、私にもひとりの時間は必要です。今、私のひとり時間の楽しみは、娘が寝静まった後、アイスティーを飲みつつ、ゆっくり本を読むことです。この時間を持てるようになったことだけでも、娘の成長を感じます。

先日は、妻と私のふたりの時間をもつことができました。娘が生まれてから初めて、妻とふたりだけでユーミンのコンサートに出かけたのです。楽しかったし、刺激になりました。娘は妻の実家で過ごしていました。

夫婦は子育ての最小チームで、同志です。ふたりで話し合い、やりくりしながら子育てをする。そして、ふたりでやりくりできないことは、身近な家族や友人、地域、社会に頼っていくことになります。貸し借りの輪が広がっていくことこそ、子育ての醍醐味です。

子育ては、借りがあるくらいがちょうどいいのです。

育児本は子育てをしてくれない

子育てにはさまざまな作法があるようです。

娘と同じ時期に子どもが生まれた人でさえ、みな、言うことが違います。

子どもがおっぱいを欲しがったから欲しがるだけあげればいいと言う人。初めから時間を決めて、厳格に決まった時間にだけおっぱいをあげるほうがいいと言う人。布オムツがいいと言う人。いや、紙オムツだと言う人。母語が根づく前にネイティブな英語を聞かせたほうがいいと言う人。母語が確立してからのほうがいいと言う人。子育てにも流行があり、時代によってよいとされているものが違うようだということがわかってきました。

妻にとっても私にとっても、子どもを育てる経験は初めてです。情報に振り回されないようにするため、私は、育児本の類はなるべく読まないようにしていました。妻がいろいろ調べてくれるので、見よう見まねで実践しているだけです。

もちろん、食事や健康についての正確な情報は、妻を通じて学んでいます。とくにアレルギーに関する情報は、深刻な結果をもたらす可能性があるので、気をつけています。

育児本には、それぞれの理想の幼児像や育てるべき若者像みたいなものも書かれているようなのですが、東大に受かる子を育てたいのか、大人の言うことを聞く子どもを育てたいのか、いじめられない子どもを育てたいのか、行儀のよい子どもを育てたいのか、海外で通用する子どもを育てたいのか、人にやさしい子どもを育てたいのかといった**子育てのゴールが定まっていないのに、育児本を読んでも仕方がないと思うのです**。子どもの生死や健康に関わる話以外は、気をつけて読み解かなくてはなりません。

子育てのゴールは、あるようでないと思っています。育児本がうたっているゴールそのものを疑っているので、私はあまり参考にしません。

そもそも子育ての目的はなんでしょう。なんとなく近所の子どもや友だちの赤ちゃんや保育園の同級生に負けていなければいい。その程度の安心が欲しいだけであって、理想像すらないのではないでしょうか。子育てのノウハウを学ぶことに意義を見出せないのです。

娘が0歳のとき、妻が偶然目にした育児本に「8カ月になると、こんな言葉を話します」と書かれていたことがあります。でも、娘は当時、まだ言葉を話していませんでした。そうすると、不安になるわけです。「うちの子は喋れていない。大丈夫なのか」と。

私は、娘は誕生が少し早まったことを思い出し、「もともと3週間早く生まれたわけだから」と心を落ち着けました。子どもにより発達の進度は違います。育児本を読むなら参考程度にとどめ、我が家の子育てを一般化しないことが大切です。人生は長いですし。

我が家の子育てで一番大切にしていることは、いのちに危険が及ばないようにすること。大げさに聞こえるかもしれませんが、乳幼児期の子どもは弱い存在です。そして、大人が思いもよらない行動をとるので、目を離すことができません。

よく自家用車で移動するのですが、娘はチャイルドシートに座りながら、無邪気にドアの取っ手をつかむわけです。ドアが開いたら、大事故になりかねない。慌ててチャイルドロックをかけました。

先日は、エレベーターのドアに指を挟ませてしまいました。運よく大事には至らなかったけれど、指を切断するリスクだってあったわけです。ソファや椅子の上で無邪気に遊んでいて、頭から落ちることもあります。ちょっとした風邪やインフルエンザが原因で、脳症に進んでしまうことだってあり得る。

娘と一緒にいるときは、最悪の事態を常に予測しながら、それを悟られないように生活するようになりました。

次に大切にしていることは、娘が持っているいいところを伸ばし、一番自分らしく生きられる環境を与えることです。そのために見るべきは育児本ではなくて、日々の娘の様子だと考えています。

日々の成長は、保育園の日誌と、保健センターで行われる健診で確認しています。比べるものは、ほかの子どもではなく、過去の娘。確実に大きくなっているし、できることが増えています。

「なぜ私たちには子どもがいないのだろう」と悩んでいた過去の自分たちからすれば、大きく前進していることはたしかです。

子育ては、人と比べるものではないとわかってはいるけれど、どうしても比べてしまいます。**育児本に右往左往するくらいなら、読まない**。読んだとしても、参考程度にとどめておくことが大切です。

焦らないこと。育児本は子育てをしてくれません。

行政を使いたおす

娘が生まれてから、墨田区の暮らしやすさがよくわかりました。

いま住んでいるマンションは、私が独身時代に購入したものです。バンダイに転職したばかりで、通勤に便利な場所だというだけで住み始めました。墨田区は東京スカイツリーや江戸東京博物館、両国国技館、向島、隅田川沿いの隅田公園など、観光名所がたくさんある下町情緒あふれる地域です。悪くはないし気に入ってはいましたが、行政サービスについては無頓着でした。

ところが、娘が生まれてから、その手厚い育児支援に驚かされました。

ほかの地域と厳密に比較したことはありません。もしかしたら一般的なのかもしれませんが、初めて子育てをする私たち夫婦にはありがたいものがたくさんありました。

最近、助かったのは、家族全員ではやり目になったとき。まずは娘がかかり、次に妻、僕にもうつりました。伝染するので、娘が1週間の登園禁止。その後、妻も出勤停止になりました。妻は、自分も病院に行かなければならないし、在宅で仕事もしなければならない。そこで、墨田区の制度を使って、ベビーシッターさんを頼みました。

国の施策であるファミリーサポートとは別に、墨田区では訪問型保育支援事業〝すみだ子育て支援ネット「はぐ（Hug）」〟という取り組みがあります。条件によりますが、1時間500円からという利用しやすい価格帯。自宅に来て子どもをみてくれるので助かりました。

ほかにも、墨田区民は東京スカイツリーに割引料金で上がることができます。通常料金の7割ほどで、かなりお得。平日の夕方だと空いているので、娘と一緒に行ったりします。隣接するすみだ水族館は年間パスポートまで買って通っています。

保育園入園にあたっていろいろ調べてきたのは妻です。墨田区には保育コンシェルジュという人がいて、入園前にさまざまな相談にのってくれるそうです。我が家の場合は、二人ともフルタイム勤務で、区内に15年近く住んでいることもあって、いわゆる「保活」にはあまり苦労しませんでした。

ただ、娘が通うのですからどこでもいいというわけにはいきません。それぞれの園の雰囲気や育児の方針、家からの近さなどを考慮しつつ、妻は10以上の園を下見したようです。

通勤途中も入れれば、かなりたくさんの園が可能性として浮上します。私の後輩の話ですが、兄弟が同じ保育園に入れず、40分離れた園になってしまって送迎が大変だと聞きました。入れる園がなければ、遠くまで通う可能性もあったわけです。

まず、家から遠くない地区センターの隣に保育園が新しくできるというので私も一緒に説明会に行きました。ここは、話を聞いているうちに「うちには合わないな」と感じ、申込みもしませんでした。雑然としていて衛生面で心配だなという園もありました。運営事業者が変わって「合理的に回すこと」を優先しているように感じた園もありました。

アクセスのよさと保育方針を中心に探しましたが、妻が重視したのは、保育士さんが元気に働いているかという点だったようです。

子どもたちが泥んこになって遊んでいたり、元気に外遊びをしている園もありました。

認可保育園を探したので、どの園も基準は満たしていると思いますが、園によって雰囲気がまったく違うことがわかりました。結局、家から自転車で通える範囲の数園に申込みました。家から一番近い園は雰囲気もよかったので第1希望にしたのですが、定員が少なくて入れず。結局、第2希望の園に通うことになりました。

保育園探しは完全に妻に任せてしまったので、もう少し私も一緒に見に行くなり調べるなりすればよかったかなといまは思っています。結果的に、保育士さんにも恵まれ、娘が楽しく通っているのでよしとします。

独身の頃や夫婦二人の世帯だった頃、私と行政の付き合いは、住民票を取りに行く程度のものでした。しかし、娘が生まれてからは、さまざまな制度やサービス、地域の催しものなどにも目がいくようになりました。子どもを連れて遊びに行けるような無料のイベントもたくさんあります。公園もたくさんあります。区や都が子育て世帯に行っている支援についても調べるようになりました。

2018年度から、東京都では待機児童対策として、ベビーシッター利用料の補助を始めました。1年間の育児休業後、保育園に入園できないまま復職しなければならなくなった場合、月額28万円を上限にベビーシッター利用料を補助するというものです。東京都内でベビーシッターを1日8時間で20日間利用する場合、月平均で約32万円かかると言われています。この補助を利用すれば、自己負担額は最大4万円程度。保育園の利用料に近くなるというものです。

2019年10月からは、幼児教育・保育の無償化が全面実施されます。「保育園の定員を増やさなければ、待機児童解消にはならない」「すでに生まれた子どもへの補助は、少子化対策にはならない」など問題点も指摘されています。

しかし、**行政はなんとかして子育てをアシストしようとしています**。必要な人は、遠慮なく受け取ればいいのです。

見えなかった社会が見えてきた

行政の育児支援をはじめ、娘が生まれたことで見えてきた社会があります。

今までもそこに普通にあったのに、まったく見えていなかったもの。幼児が遊べる小さな公園、近所の小児科医院、土日に開いている病院、車の往来の多い道幅の狭い道路、テーブルの角、エレベーターの設置場所などなど。

娘が生まれるまで、私は小児科がどこにあるか知りませんでした。言ってみれば、妊活を始めるまで、婦人科の病院があることにすら気づいていませんでした。毎日通っているはずの道なのに、視界にも入っていなかったのです。

娘と一緒に街に出ると、駅舎が障害者や子どもに配慮したつくりになっていることに気づいたり、逆に未整備のところが見えたりします。以前は「公園」として一括りに見ていたものが、子連れで遊ぶのに適した公園と適さない公園に分けて見られるようにもなります。ららぽーとのようなショッピングモールなんて、ほとんど行ったことがなかったけれど、娘を連れてお買い物に行くなら、ららぽーとは優秀です。

子育て夫婦が乗るようなワンボックスカーや3列シートの車が、いかに合理的なのかということもよくわかりました。今のところ、私が買って乗る予定はありませんが、**センスより優先すべきものがある**ということを実感しています。

明るい発見だけでなく、暗い発見もあります。

例えば、児童虐待。

2018年3月。目黒区で5歳の女の子が、食事も与えられず、義父から受けた暴行によって虐待死した事件がありました。一市民として、一児の父として、衝撃を受け、胸を痛めました。

こんなとき「ひどい！」「許さない！」と発信するだけで終わっていいわけがありません。

もちろん、私は物書きなので、書きます。書いて、発信して、広めます。けれど、こうしているうちにも苦しんでいる子どもたちがいて、子どもに暴力を振るっている大人がいるのです。メディアを通じて発信した言葉が誰かに届くのを待つのではなく、より直接的で即座に行動につながるなにかをしなければならないと考えました。

妻とも相談し、まずは地元の議員に働きかけました。都議会の厚生委員会のメンバーを調べ、その中から地元選出の議員のウェブサイトを見つけてメールアドレスを調べ、政治家として動いてほしいと、直接、お願いのメールを出しました。

こんなことをしたのは、生まれて初めてのことです。私は、児童虐待を「誰かが起こした事件」や「論ずべき対象」としてではなく、はっきりと**「自分に関係あること」**として捉えたのです。

この手の事件の加害者に、まったく同情はしません。同情はしないのだけれども、親でありながら児童虐待の加害者になった人の背景に、いったいなにがあったのだろうとも考えました。

例えば、離婚原因の1位は夫婦ともに性格の不一致ですが、妻側が原因として挙げる2位はDV（ドメスティック・バイオレンス）です。DV夫かどうかを結婚前に見分けることは、基本的にはできません。DVは、日々の生活の中で、突然、始まるのです。

虐待した親も、子どもが生まれた瞬間から虐待親ではなかったはずです。なにが彼や彼女を児童虐待へ向かわせたのか。親がなにかに追い詰められた結果、暴力の矛先が弱い子どもに向かったと考えるのが自然ではないでしょうか。「なにか」は、もしかしたら「社会」と言い換えられるかもしれません。

そして、悪状況が重なったとき、私自身が加害者になる可能性は、「絶対にない」と言い切れるのだろうか、とも考えました。

2017年3月、離乳食にハチミツを使用していた6カ月の赤ちゃんが、死亡する事故がありました。1歳未満の赤ちゃんは、ハチミツを食べることで乳児ボツリヌス症にかかる可能性があります。ハチミツを食べさせるなら1歳を過ぎてからにするということは、母子手帳にも記載されているそうです。しかし、これは私も知らないことでした。

初めての子育ては、知らないことばかりです。**少しずつ学んでいくしかない**。しかも、子どもが生まれた瞬間から子育てレースは待ったなしで進んでいきます。親になったからには、子どもを保護し育てながら、仕事も家事も回していかなければなりません。

もうずいぶん慣れたとはいえ、娘をお風呂に入れるときは、事故に遭わないように気を張っています。散歩に出かけても、いきなり道路へ飛び出してケガをしないかどうか、娘の行動に常に目を見張っています。40代の父である私には、かなり疲れる毎日です。

気をつけていても、アクシデントは起こります。娘がエレベーターのドアに指を挟んでしまったときは、「これで一生終わったか」と身が震えました。

乳幼児は、ちょっとしたことで、すぐに傷ついてしまいます。場合によっては、いのちを落としてしまうこともあるのです。

新聞記事の裏側がより実体をもって見えるようになってきたいま、言いたいことは、**「大事なことはイクメンアピールじゃない。いのちを守ることなんだ!」**です。

2章

家事は、労働だ！

仲居として生きる

家では、「仲居さん」という設定で生きています。旅館で宿泊客のお世話をする、あの仲居さんです。食事をする際も「春らしく、筍をつかった炊き込みご飯ができましたよ」「この鍋のシメは雑炊がおすすめですよ」「お風呂のご用意ができましたよ」と、振る舞っています。30代で会社員としての社畜生活は卒業したのですが、40代で**家庭人としての家畜生活**が始まりました。

そう言うと、〝硬派な左翼論客〟〝大学教員〟としての私のパブリックイメージは崩壊するかもしれません。でも、本当にそうなのですから、しょうがないです。政府に対する批判をツイッターに投稿したあとに、仲居さんをするのはなかなか大変です。

結婚後しばらくしてから、我が家の料理は私がつくるようになりました。もともと料理が好きだし、とくに妊活を始めてからは、できるだけ妻の負荷を減らしたいと思うようになったからです。

妻は外資系ＩＴ企業で、フルタイムで働いています。大学教員の私のほうが比較的自由に時間が使えるし、妻に、快適に仕事と育児を両立してもらうためにも、仲居という設定は有効だと考えています。

私が担う主な家事は、買い出し、料理、皿洗い、ゴミ捨てです。もちろん、オファーがあれば、そのほかの家事もやりますが、洗濯や掃除は主に妻が担当しています。掃除は、私もたまにクイックルワイパーをかけたり、お風呂掃除をやったりはします。

「ちょっとティッシュ取ってきて」

「ゴミ出ししてきてくれる？」

「娘にご飯を食べさせて」

あらゆるオファーに、気持ちよく従います。

妻が妊婦になり、お腹が大きくなって、物理的に動けなくなってからは、仲居として担当する家事が増えました。出産が終わり、娘が2歳になったいまは、娘が「靴を履かせて！」「お茶をちょうだい」などと、態度で命令してくるので、私は娘の仲居でもあります。

気づけば、妻は、スマートスピーカーに命令するように私に言うようになっています。命令には絶対服従。完全に尻に敷かれること、さらには命令をほぼ聞くことを心がけ、「ハイハイ」と妻の望みを叶えることに徹しています。きちんと手を動かして実行する分、スマートスピーカーよりも優秀だと自負しています。

ときどきミスをしたときは、「すみません、すみません」と言って頭を下げます。娘の前でも同じです。昭和的父親の威厳なんて、ありません。それでいいと思っています。

私は小学生のときに父を亡くしています。私が生まれる前から身体が不自由だったので、いかにも昭和の父親像がはっきりと分からないことが功を奏しています。父親だって、弱さをさらけ出していいでしょう。「ごめんなさい」と妻に謝っている様子も、全部、娘に見せています。

おかげさまで、この生活にはストレスがありません。いわゆる「男らしさ」「大人らしさ」なるものを誇示しなくて済むからです。**プライドもゼロですが、ストレスもゼロ**。家庭内はうまくいっているほうだと思います。時折、私がもし家事をまったくやっていなかったら、私は妻にとって怒りの対象でしかなかったのではないかと思うことがあります。余計なプライドを捨て、仲居さんとして生活することで、私は家庭での安穏な居場所を得たのです。

とはいえ、妻の怒りを買うポイントが数点あるようです。

まず、娘が飲む水。毎朝、私が朝食をつくるのですが、妻には、料理にとりかかる前に私に絶対にやってほしいことがあります。それは、娘用の取っ手がついたストローを格納できるコップの水を取り替えること。朝起きてきた娘がなにげなく飲んでしまうことを防ぐために、前の晩の水を捨てて、きちんとコップを洗い、新しい水に変えておいてほしいと、何度も言われたことがあります。

しかし、私は、うっかりそれを怠っていることが多い。せっかくおいしい朝ご飯をつくっても、妻の逆鱗に触れて、朝から叱られることが何度もあります。前の晩から置きっぱなしの水を飲んで、娘がお腹を壊したらどうするのだ、というのです。もちろん、私が悪いので謝ります。でも、またやってしまうのです。

こだわりのポイントが違うのです。その違いで言うと、私は、映画やドラマ、ＣＭなどの影響で、お風呂上がりにバーッとバスタオルで体を拭く、みたいなのを格好いいと思う派です。体から湯気が出ている状態ってなんだかステキだなとか、カッコイイなと思ったりする派なのです。

ところが、妻にとっては、フローリングが濡れることが許せないらしく、逆鱗に触れたことは一度や二度ではありません。思えば、半同棲の頃から継続して叱られていることです。ところが私は、「いいじゃん、すぐ乾くし」と思っているので直りません。もちろん、その場では「すみません、すみません」と謝ります。でも、どこかで「拭けばいいじゃん」と思っている私と、「絶対に濡らすな」という妻の攻防は、この先も続くでしょう。

女性は、出産前後で、ホルモンのバランスが大きく変化し、体調が悪くなったり、ストレスを感じやすくなったりするのだそうです。妻も、つわりの時期などは、好きだった刺身が食べられなくなったり、ほかにも食べられなくなるメニューがいくつかありました。その時期は、私も、食事をつくる際に工夫してフォローしました。

産休に入る前の仕事の引継ぎ時期は、以前にも増して残業が多くなり、大変そうでした。無事に出産してからも、すぐ育児レースが始まり、42歳の出産で疲れたからだには無理がかかっただろうと思います。

娘が生まれたことで、夫婦の関係は育児チームになりました。私は、夫であることより仲居であることを優先しています。そしてなにより、ママである妻を労いたいという気持ちが強くなっています。

仲居さんでいい。

心から言えるのは、そうすることで、**妻に少しでもストレスがかからない生活をしてもらいたい**からなのです。

料理はガンプラ、ミニ四駆

料理が好きです。

我が家では、子どもが生まれる前から、私が三食担当しています。出張などで自宅にいられない日も、温めるだけで食べられるレベルまでつくって置いておきます。

料理は、家事であり、私の趣味でもあります。食材の買い物が好きだし、調理する行為自体も楽しんでいます。そして、いつも、食卓を豊かにしたいと考えています。

モットーは「はやい！」「うまい！」「面白い」。早さと旨さには自信があります。ただ、安さについては、外れるときもあります。食材を探しにデパ地下や紀ノ国屋、明治屋へ行くとテンションが上がるのです。

デパ地下へ行けない日であっても、せめてイトーヨーカドーには行きたい。食材の産地にも妙なこだわりがあって、気づけば「やすい！」とは言えない出費になることもあります。味に妥協はしたくないので必要経費だと思っています。

先日、保育園のお迎え帰りに東京スカイツリータウンにある商業施設のソラマチへ寄ったら、オイルサーディンが大安売りをしていました。あまりに安かったので、たくさん買ってきました。高いときもあれば、安いときもある。毎日の食事をすべて担当しているからこそ、長い目で見て「やすい！」になればいいと思っています。

料理はガンプラ、ミニ四駆です。

食材探しは、パーツ探しによく似ています。パーツを吟味し、より良いものを選ぶ楽しさ。「珍しいパーツ」を見つけて、なにに使おうかと出来上がりを思い浮かべる喜び。

ミニ四駆に載せるモーターをノーマルにするかスピード仕様にするかと、週末のランチに使うコンビーフをノザキにするか明治屋にするかは、まったく同次元の悩みです。

ガンプラの塗装をどうするかと、料理の仕上げをどうするかも、同次元の悩みです。仕上げのイメージから遡って買い物をするわけです。

最近の買い物は、保育園のお迎えの帰りに済ませることが多くなっています。冷蔵庫の中身をほぼ把握しているので、賞味期限を逆算して計算し、3日分くらいの献立はだいたい頭の中にあります。平日の買い物は、足りないものを買い足す程度。10分くらいで終わります。娘がもう少し大きくなって字が読めるようになったら、献立表を書いて掲げて、レストランのようにしても楽しいと考えています。

賞味期限にはとくに気をつけています。賞味期限を過ぎたものは食べないようにしていて、「厳しすぎる」と妻にも叱られるので、最近は少し緩くしてはいるのですが。

おいしく食べるためにも賞味期限は厳格に守りたい。「ちょっとくらい過ぎても食べられる」「もったいない」という考え方もありますが、基本は、おいしいものはおいしいうちに食べよう、という発想です。おいしくないのを食べることこそ、もったいない。

おいしいうちに食べるために、管理をしっかりしているということです。野菜も新鮮なうちに食べます。

松浦弥太郎さんのエッセイを読んでつくった、生バジルを使ったバジルパスタも好評でした。生バジル、ニンニク、ローストした松の実、塩、オリーブオイルをフードプロセッサーにかけ、パスタとあえて出来上がり。生バジルは鮮度がいのち。フレッシュなおいしさでした。

ヒットメニューはまかない飯ふうの海鮮丼です。ご飯の上に、大葉と、刻んだネギとみょうが、しらす、しょうがをのせます。海鮮は、アジ、イワシ、サンマなど。どんな刺身をのせてもおいしいです。

総務省の「平成28年社会生活基本調査」によると、6歳未満の子どもを持つ夫が家事関連に使う時間は、83分。妻が担う454分の5分の1以下です。イクメンが増えたと言われていますが、まだまだ女性が家事と子育ての大部分を担っている現状が見えます。この点はまさに働き方と関係するものなので、難しい問題をはらんでいますが、生産年齢人口の女性の約7割が就労していることを考えると、バランスの悪さが際立ちます。

家事の中に料理も含まれます。そうすると、一日すべての食事づくりを担当している私のような男性が稀だということがわかります。妻が「ウチはすべて、自動的に出てくる」

と言うと、ママ友たちはとても驚くそうです。しかし、**料理をする男性が家庭にいると、家族のＱＯＬ（クオリティ・オブ・ライフ＝生活の質）が一気に上がる**ことは間違いありません。

私は、「男性の家事・育児参加率を上げよう！」と思って料理をしているわけではありません。じつは、結婚する前からかなりの割合で私が料理をつくっていて、妻が餌付けされたような状態だったことを白状します。しかし、つくった料理を家族が喜んで食べてくれたら嬉しいし、なにより料理をつくるのは楽しいことです。

料理はガンプラ、ミニ四駆です。

多くの男性は、その楽しさを知っているはず。はまりますよ。

トヨタ生産方式で家事のムダをなくす

トヨタ生産方式の勉強をしていたことがあります。トヨタ式のものづくりのノウハウです。考え方の柱には「自働化」と「ジャスト・イン・タイム」があります。

「自働化」は、人と機械のコンビネーションをとことん考えることで成り立ちます。どのように価値を生み出すかを考えます。「ジャスト・イン・タイム」は、必要なモノを、必要な時に、必要な分だけ調達したりつくったりすること。在庫管理の基本です。

主に生産や物流の現場で採用される考え方ですが、私はこれを日常生活にも活かしています。とくに、ものづくりの基本である「5S（整理・整頓・清掃・清潔・躾）」その中でも**「2S（整理・整頓）」**にこだわっています。

●要らないものはどんどん捨てる、売る
整理を徹底します。整理とは、要るものと要らないものを決めて、要らないものを即刻処分することです。だから、未使用のものでも、自分が目的を持って買ったものでなければ、捨てます。本も読んだらすぐ保存するかどうかを決め、人にあげたり古書店に売ったりして、一定数以上増えないようにしています。

●モノの置き場所を決める
整頓の徹底。整頓とはモノを決められた場所に決められたように置くことです。使ったら元の位置に戻す。そのためにモノの居場所をきちんと決めておくことも大切です。

●人間工学の応用
人間の身体の動き、動線を意識してモノを配置します。たとえば、電話は必ず机の左側に置く。利き手は筆記用具なり、キーボードを叩いているので左のほうが早くとれるというわけです。電話をしながらメモもとりやすい。書斎では、椅子に座ったまま、ほぼ移動なくすべてのモノに手がとどくよう配置しています。

●見える化の推進

いまある時間、ダイエットの進捗などが直感的にわかるように可視化します。そのためにアプリも活用。月並みですが、妻と私の日々の予定はグーグルカレンダーで共有し、家事や子育ての時間調整に使っています。

●標準・基準を設けること

仕事や家事を細分化し、それぞれにかかる時間やレベルの標準・基準を設けます。執筆の例で言えば、コラムを書くときに準備や、書く時間などの標準・基準を設けています。もちろん、それぞれの分量・難易度により標準・基準は変わります。標準・基準を設けておけば、現在の自分の仕事が速いか遅いか判断がつき、どのような問題が起きているかを把握しやすくなります。問題が把握できれば、リカバーもしやすいというわけです。

これらはトヨタ生産方式の初歩の初歩です。しかし、やるのとやらないのとでは生活の快適度が違います。

書斎の机の上に常時置いているのは、デスクランプと、パソコンと電話だけです。もちろん、仕事中は資料や書籍などを、決まった場所から出してきて使用します。そして、仕事が終わったら、決まった場所に完全に片づけます。

資料も、よく閲覧するもの以外はどんどんスキャンして紙を捨てていきます。使っているスキャナーは、ＰＦＵのスキャン・スナップ。クラウドサービスも利用しています。エバーノートやドロップボックスも、適宜、便利に活用しています。

トヨタ生産方式を難しく考える必要はなくて、整理整頓と在庫管理を心がけるだけでも生活がずいぶん変わると思います。いるものといらないものを明確に分けることと、必要な場所に決められたルールで置くこと。学んだことを日常生活へ応用することは大切なことだと思います。もちろん、**やりすぎて疲れないようにもしなければなりません**が。

料理も同じです。いかに冷蔵庫を整理整頓するか。食材の賞味期限が迫るなか、どうやって使いきるか。そのための献立を考えるのも楽しいものです。現在の懸念事項は、今日中に使い切らなければいけない白菜のメニュー消化策。一案として思いついた薬膳鍋が意外と好評なので、レギュラー化しそうです。

トヨタ生産方式とリクルート式モチベーションアップ法を、会社員時代に間近で見ることができたことはラッキーでした。ときに「搾取のモデルだ」と叩かれることもありますが、もともとのトヨタ生産方式の考え方は、人間性を尊重する考え方。生活にも十分取り入れられます。

ただ、目下の悩みは娘です。最近、我が家では、いつの間にか机の中のモノがなくなっていたり、戸棚の中にしまったはずのモノが別の場所で発見されたりすることが頻発しています。犯人は娘のようです。どうやら引き出しを開けてモノを取り出し、別の場所に移動させて、引き出しを元に近い形に戻すことまでできるようになっているらしいのです。

嬉しい成長ですが、整理整頓の側面から見れば難題です。結局、人間工学の応用で、娘の動線を考慮し、書斎の机の向きをドア側が正面になるように配置し直すカイゼンを行いました。自宅の書斎が社長室のようになっていて、落ち着きません。

今後もカイゼンを繰り返し、**そのときどきの生活の最適化**を目指します。

家事分担は、向き不向きで分ける

一時期、共働き家庭における家事分担論争が盛り上がったことがありました。

2018年の明治安田生活福祉研究所（現明治安田総合研究所）の調査では、夫婦ともに正社員の共働き世帯の場合、理想とする夫の家事分担割合は、平均すると夫も妻も約4割。夫が正社員で、妻が非正社員や専業主婦の世帯では、夫側は平均3・7割に対し、妻側が4割の負担を理想としていることがわかりました。

ところが同時に、現実の夫の家事分担割合は、夫の言い分より妻の認識のほうが低いということが明らかになったのです。

現実の夫の家事分担割合は、夫婦ともに正社員の共働き世帯で、夫の言い分は「3割」が最も高く、妻の認識は「1割以下」が最も高くなりました。夫が「やっている！」と思うほど、妻は、夫が実際に家事・育児を分担しているとは感じていなかったのです。

夫「家事や育児の3割くらいは俺がやっている」

妻「あなたのやっている家事は私の10分の1」

というわけです。

そもそも、家事と育児は、どこまでやったら10割になるのでしょうか。

雑誌『ＡＥＲＡ』が提供している「共働きの家事育児１００タスク表」というものがあります。家事・育児に関するタスクを１００個列挙しているのですが、「朝食をつくる」と「献立を考える」は別のタスクとして挙げられています。よく見ると、「親戚と連絡をとる」「オムツに記名する」「保育園グッズを繕う」など、意外と気づかない細かい家事も丁寧に取り上げられているという印象です。

実際に私も確認してみましたが、3分の1に◯がつき、3分の1に△がつき、3分の1

に×がつきました。結構やっていると自負する私でも、実際にいつも自分が担当している家事・育児は3割でした。

△は、妻がやることもあるし、私がやることもある項目。これを「やっている」とみなせば、5割は超えるので、我が家はおよそ半々の分担ということになるでしょうか。

この手のタスクの細分化・見える化は、家事・育児の領分をはっきりさせるうえでは有効だと思います。家事・育児のタスクの多さがわかり、働き方も含めた24時間の使い方を意識するきっかけにもなるでしょう。

ただし、これが「ほら、男性はなにもやってない！」「女性にばかり押しつけて！」といった、男性を仮想敵にする道具にされてしまうのではないかという危惧があります。

一般論として、たしかにこれまで、仕事と家庭の両立という面で、男性が既得権としてラクをしていた部分はあると思います。女性ばかりが担っていた側面もあるでしょう。でも、そこだけを強調して、ジェンダーの問題に落とし込んでも、家庭内の家事・育児分担問題は、なにも解決しないのではないでしょうか。

私は、**家事と育児は、夫婦二人で同等に担うもの**だと思っています。同等と言っても、それは100の項目を数上50対50で分け合うということではありません。どちらにとっても難しいものは、家族以外の人に助けてもらったり、便利家電を導入したり、サービスを利用したりして効率化すればいいとも思っています。

そもそも、三世代同居が当たり前の時代ならまだしも、共働きの核家族が前提となったいま、夫婦だけですべてを取り回すことは難しいでしょう。

出産や母乳を与えることなど、一部の子育てに関わる行為で、女性にしかできないものはあります。だけれども、私の好きな料理は、男性でもできます。我が家では私が担っている「献立を考える」のが得意な女性もいるでしょう。

例えば、私は、洗濯はほぼしません。洗濯に対する自分の知識がまだ足りないと思っているし、なにより妻のほうが上手です。もちろん、状況によって洗濯機を回したり洗濯物をしまったりすることくらいはやります。お風呂上がりの娘に乳液を塗ったり、耳あかをとったり、つめを切ったりするのは、妻のほうが得意そうです。

ここで間違えていけないのは、男性でもできるからといって、「男性がやるべきだ」という理屈にはならないということです。逆も同様です。「女性だから料理をするべきだ」という発想は危険です。

不平等感を解消するために役割分担を厳密にするのではなく、**個々人の強みを活かした役割分担**が、暮らしを楽しくする第一歩だと思います。

家事や育児は、家庭内のことです。男性がやるか、女性がやるかということ以上に、向き不向きで分担すればいい。できないことは、無理に引き受けたり押しつけたりしなくてもいいのではないでしょうか。

家事・育児の満点、10割の出来を目指さないことも、日々の生活の中で、じつは大事なことなのではないかと思っています。

私は料理が好きだから、料理を担当する。好きなので、自分の料理のクオリティは追求しますが、妻がつくった料理の出来に不満は言いません。それでよいのではないでしょうか。

稼ぐことをサボらない

家庭を存続させるうえで大切な取り組みに「稼ぐこと」があります。

前項の「家事分担表」には「収入を得る」がありませんでしたが、収入がなければ家族が生活していくことはできません。

妻が私と結婚したとき、私はベンチャー企業の会社員でした。妻は、紹介予定派遣で、いま働いている会社とは別の外資系のＩＴ企業に勤めていました。けれど、職場が合わなくて、結婚してすぐに辞めました。次の仕事が決まるまで４カ月ほどは、ヨガに通ったり、僕の料理をつくったりしながら専業主婦をしていました。

短期でしたし、夫婦二人の生活だったので、収入の面でそれほど困ることはありませんでした。

ただ、私が38歳で会社員を辞めてフリーランスで働き始め、かつ大学院に通っていた2年間は、やはり不安がありました。確実な収入は妻の月給だけという状態。私も、厳密には非常勤先の大学から給料をもらっていましたが、不安定な収入です。時間の融通は、私のほうが効いたので、料理をはじめ、家事の大半を担うようになったのもこの頃です。

結果として、妻がフルタイムの勤め人として働いていたからこそ、家庭を維持しながら、私は大学院に通い、その後、現在の大学教員の職を得ることができました。

私のような働き方では、妻が専業主婦だと不安があります。娘が生まれた現在では、なおさらです。

総務省の就業構造基本調査（２０１７年）によれば、15～64歳の女性の有業率（仕事をしている人の割合）は68・５％。約７割の女性が何らかの形で仕事をしています。そのうち、25～39歳の女性の有業率は75・７％。過去、この世代の女性は子育てなどを機に仕事を離れることが多く、前後の世代に比べて有業率が低くなる、いわゆるM字カーブの谷になる傾向がありました。しかし、２０１７年の調査では、育児中の女性の有業率はすべての世代で上昇しています。

２０１2年から17年までの5年間で、共働き世帯は約52万世帯増加し、17年には約１３４９万世帯にまで達しました。全世帯数比率でも、共働き世帯数はほぼ5割を維持し続けているという現状です。

一方で、前出の２０１８年の明治安田生活福祉研究所（現明治安田総合研究所）の調査で、子どもがいる25〜44歳の既婚女性に、第1子の妊娠・出産を機に仕事をやめた理由をたずねたところ、「子育てをしながら仕事を続けるのは大変だったから」と答えた方が52・３％と最も高くなっていました。現在も、妊娠・出産が、女性が仕事を辞める理由になっているのです。

しかし、私は、子育てをしながら、**仕事を辞めたところで育児の大変さは変わらない**ということを実感しています。一時的に仕事の効率が悪くなることはあります。それならばと、仕事をいったん休む、または変えるという選択肢はあるとは思います。ただ、中長期で考えると、働き続けることが家計における一番のリスク管理になります。

実際、同調査では、多くの女性が一番下の子どもが未就園児の時は専業主婦、中学生以降は正社員でフルタイム勤務を希望していながら、現実は一番下の子どもが中学生以降も4割が専業主婦であり、正社員フルタイム勤務は2割にとどまっているという結果が出ています。

子どもにとって親の役割はなんだろうと考えたとき、私は、補助輪なのだと思い当たりました。これからを生きる人が、これまで生きてきた人を超えていくためのお手伝い。そのための環境づくりをする役割があるのだと思います。

子育てにはより多くの時間が必要な時期も実際にあります。

ただ、それを、仕事を辞めて捻出することはリスクが高いと思います。

とくに我が家の場合は、私が43歳のとき、妻が42歳のときに娘が生まれているので、最低でも娘が成人する63歳、62歳までは働かなければなりません。大学を卒業するまでなら、65歳まで。できれば娘が30歳になるくらいまでは、私も真っ当に働いていたいと考えています。

家庭を安定的に存続させるために、稼ぎは必要です。

収入を得ること、これも立派な家事のうちの一つだと言いたいのです。

家事・育児がそうであるように、稼ぐことについても、「男だから」「女だから」を問いません。稼ぐことに向いているほうがより稼げばいいいし、時期によって家庭内で役割分担があってもいいと思います。

「女性は家、男性は外」という考え方の時代もありましたが、いまの時代にはそぐわないでしょう。男性が家にいて女性が働くという選択肢もあり得ます。でも、それでは、「女性は家、男性は外」という価値観が入れ替わっただけにすぎません。ジェンダーの役割を互いに押しつけることなく、家事・育児を協力しあうのと同じように、収入の面でも互いに支え合うこと。

夫も妻も稼ぐ。それが家庭運営上のリスクヘッジになります。

私たちは新しい時代を生きているのです。「関白宣言」はお金持ちの論理です。

健康管理をサボらない

40歳を超えてから健康に対する意識は高まりました。

振り返ってみれば、25歳あたりから25歳、30歳、35歳、40歳、45歳と、5年刻みでからだの衰えに気づくことはありました。5年おきくらいで「そろそろ気をつけないとまずいな」と思う、健康診断の数値が出るようになったのです。

2005年2月に体調を崩したときは、「がんの疑いあり」とまでいわれ、それまでの働き方を大きく変えるきっかけになりました。転職までしてしまいました。

まだリクルートに勤めていた頃です。たまたま仕事が忙しい時期で、「あれ、なんだか力が抜ける」と思いながら職場で倒れてしまったことがありました。病院へ行ってみたら、不整脈の疑いがあると言われました。不整脈の検査をするというので、心拍を記録する装置をつけて丸一日過ごしたりして。

心拍の検査だけでなく、レントゲンも撮ってみようかということになり、肺のレントゲンを撮りました。そうしたら、「白い影があるぞ」と言われてしまって。「もしかしたら、がんかもしれない」というので、紹介状を書いてもらって国立がん研究センターへ行ったのです。

たしかゴールデンウイークの谷間の平日だったと思います。国立がん研究センターへ行く日に日本経済新聞を開いたら、一面に「バンダイナムコ経営統合」というニュースが出ていました。ちょうどバンダイからは2年くらい誘われていたことを思い出しました。これは、転職のタイミングなのではないかと感じ、その後、実際に転職しました。

結局、「がんかもしれない」といわれた腫瘍の大きさが1・8㎝だったので、経過観察になりました。継続して病院にも通っていたのですが、数カ月後に検査したときも大きくなってはいないということで、「おそらく、大丈夫だろう」ということに。お金の心配もあったので、ひとまずホッとしました。

43歳で娘が生まれてからは、とくに、心身の健康に気をつけるようになりました。

心の健康の面で大切にしていることは、ストレスを溜めないことです。それほど心が強いほうではないので、できるだけ嫌なことはしないようにしています。わがままはいけないと思いますが、悩んでいる時間が一番ムダだと考えています。決めて、行動する。これが大切です。3、4日分くらいの食材の買い出しは、だいたい10分で終わらせます。意思決定を早くして、行動に直結させるようにしています。

からだについては、**体調不良を無視しない**ようにしています。2018年、明らかに体調が悪いと思って人間ドックを受診したら、いろいろ見つかりました。肝臓脂肪等々の値がイエローカードのレベルになっていたので、早めに治さないと悪循環になると思い、その年の12月からお酒を止めています。

実際、40歳を超えて、だんだんお酒を飲むことがつらくなってきていたので、ちょうどよかったと思っています。お酒を飲むととことん飲んでしまうし、電車で帰るのがつらくてタクシーに乗ったりして、お金も余計にかかります。禁酒してから、無事8カ月を超えました。体調はすこぶる良好です。

健康といえば、先日、娘がはやり目（流行性角結膜炎）にかかり、妻にも私にもうつってしまいました。そのときの私の右目のパフォーマンスが50％、左目が38％。霞んで前が見えないのです。目が見えなくなったら、仕事はどうするのかと焦りました。

メガネを新調して10カ月くらい経った頃だったので、早くもメガネが合わなくなったのかなとも思ったのですが、目の病気だったのです。生まれて初めて、右目と左目で異なる目薬を注し続ける毎日を過ごしました。

病気はリスクです。

老化要因のものもあるし、遺伝要因のものもある。健康はなかなか残酷です。がんは遺伝の影響が強いと言われています。虫歯や近眼も遺伝の影響が大きいと言われています。自分でがんばってもなんともならないものもあります。

だからこそ、気をつけられるところは気をつけておきたい。私は40歳を過ぎて、健康管理の一環として、筋トレを再開しました。

健康管理も家庭運営の一部、家事の一部です。

私たちが定年を迎える頃に、年金がどうなっているかもわかりません。そういうことを考えたとき、働き続けられる心身でいたいと思いました。保険として、掛け捨ての医療保険と、養老保険に入ってはいますが、**一番のリスクヘッジは健康であること**だと思っています。

まずは、健康であること。45歳を目前に控えたいま、それこそが、人生で最大に大切にするべきことではないかとも思い始めています。

家事は、仕事である

「ワーク・ライフ・バランス」という、これまた美しい言葉が連呼されています。しかし、「ライフ」と言ったところで、それが重要であり、やらざるを得ない場合は、「ワーク」の要素が大きくなります。「ライフ」という言葉を手放し、家事・育児・介護という「ワーク」に取り組んでいるという認識を広めたいと思います。

家事は、仕事、労働です。

2歳の娘と過ごしていると、幼い子どもと一緒にいられて楽しいという気持ちは正直あります。しかし、所詮、これは家事労働なのだと捉えることにしています。

娘が病気のときなど、ベビーシッターさんを頼むことがあります。私は、家事も育児も好きなので、自分でできるなら楽しいから自分でやってしまうというところがあります。ただし、常に**家事は仕事なのだ**という意識は忘れないようにしています。

他人から見ると、私がやっていることは「ワーク・ライフ・バランス」そのものと言えるかもしれません。ただ、世間の男性の数倍、家事と育児をやってみて感じたことは、この言葉に含む「ライフ」とは「ワーク」そのものだということです。家族のために家事をしても、賃金が支払われるわけではありません。**家事労働は「アンペイドワーク」**なのです。

「家族との時間、とくに子どもを育てる時間はかけがえのないものだ。これをワークと呼ぶな」と怒られそうな気もしています。もちろん、私もこの時間は貴重だと思っています。ただ、意地悪な言い方をすればこの「つらいけど楽しいのだからタダでも働け」というのは、ブラック企業の経営者が言うことそのものなのではないでしょうか。

世の中的には「ライフ」とカテゴライズされている家事・育児・介護。これらの実態は「ワーク」です。配慮がなければ仕事との両立はできないものなのです。

日本と欧米の主要国における6歳未満の子どもを持つ夫の1日当たりの家事・育児関連時間を比較すると、約2〜3倍の差があります。もちろん、欧米諸国のほうが多いのです。そのうち子育てに使う時間は、日本が49分なのに対し、各国は60分程度。約1・2倍の差です。単純な数値の比較に大きな意味はありませんが、少なくとも欧米諸国のほうが、子育て世帯の働き方への配慮があると言えるのではないでしょうか。

しかも、やや不謹慎な言い方になりますが、仕事はサボってもなんとかなる部分があります。しかし、**家事・育児・介護は「いのち」がかかっているので、サボることができない**。より労働強化につながりやすいのだと感じています。

家事や育児は、いくらやっても、誰からも劇的には感謝されないものです。やって当たり前。もちろん、そういうものです。だけれども、「いのち」がかかっているので、いつも気が張っているし、手は抜けない。がんばらざるを得ない。大変なんだよ、と言いたいのです。

私だって、もっと仕事したい。ライブにだって行きたい。夜のお食事会にも誘ってほしい。みんなも、もっと愚痴っていいんじゃないかと思うのです。

とくに夫は、「俺ばっかりやってる！」と大きな声で言えるほどやっていないこともわかっています。いくら「イクメン」と持ち上げられたって、やっぱり妻のほうが家事も育児もやっています。だから、言いにくい。愚痴りにくい。とてもよくわかります。

「俺ばっかりやっている！」とは言えないけれど、せめて**「俺だってやっている！」**と言わせてほしい。

「ワーク・ライフ・バランス」の充実で、子どもといられて幸せだねという像を押しつけられると、戸惑います。もちろん、娘と一緒にいる時間は増やしたいし、このうえなく楽しい時間です。料理を「おいしい」と食べてくれたら、次もがんばる。保育園に迎えに行ったとき、私の姿を見つけて「パパ！」と駆け寄ってくれる瞬間は、それは至福の喜びです。

だけれども、そんなに美しい話だけじゃないぞ、ということも伝えたいのです。一生懸命やり繰りして、一部妥協しながらやっているのです。それが、家事。「ワーク・ワーク・バランス」をとりながら、結構、がんばってやっているのです。

娘のことが好きで、この子に、さらには日本の子どもたちに幸せに生きてもらいたいから、あえて言います。いまこそ、家事は労働でもあるという共通の認識を持つべきです。アンペイドワークを意識し、配慮しない社会に未来はありません。

「仕事も家事も育児も！」というイクメン像の押しつけに、断固、抵抗します。

合格点を下げれば合格する

一昨日、毎回完璧を目指していたオムライスの出来が、ちょっと失敗してしまいました。食べられないわけではないし、ファミリーレストランで出てくるものよりは数段おいしいと思うけれど、私の理想とはちょっと違ったのです。

やり直したかったわけです。妻や娘に、これがパパのオムライスだと思ってほしくないという気持ちでした。

ただ、私の料理は、家事なので、たぶん、もうそういうのは「しょうがないや」と割り切るしかないのだろうと思います。そこに細かく理想を追求している私ってなんだろうと思います。

料理に関して、私が思う合格点が高いのでしょう。叶わないのに合格点を高くし続けると大変です。

料理は私にとって家事ですが、趣味の側面もあるので、よりおいしいものを目指すわけです。先日つくったリゾットは、妻から「独立できるぞ！」と褒めてもらえるほどうまくできました。ついつい料理はこだわってしまって、ちょっとでもうまくいかないと、ワーッと叫びたくなるくらい根を詰めてしまいます。

ただ、毎日、一日三食つくっていると、そうも言っていられません。70～80点でよしとすることを心がけなければと思っています。

いろいろ妥協しないといけないことはあります。さすがに私が出張に出かける日は、その場で三食つくれるわけではありません。そんなときは、何日か分をつくってタッパーに入れて、温めるだけにして置いておいたりします。

妥協はしますが、日々の家事なので、及第点は絶対に超えないといけないとも思っています。たまに店屋物が並ぶことがあっても、インスタントものばかり連日食卓に並ぶのはよくない。その程度の及第点ですが。

作り置きで一番妥協している日は、おいしいピザを買ってきて冷蔵庫に入れておくこと。それを焼いて食べてね、というときもあります。

妥協がないと家事は回りません。昨日の100点を超えないと、今日の100点はないという家事はあり得ないのです。

我が家の贅沢は、リンゴです。いつも1個のリンゴを家族3人で分け合って食べています。このリンゴが一点豪華主義。1個400円くらいします。ちょっと高いリンゴを大切にみんなで分け合って食べる派なのですが、昨日はあまりにおいしくて2個食べてしまって、大騒ぎしました。でも、考えてみれば800円です。800円で、相当贅沢をした気分になりました。

合格点をシフトすると、しあわせが近くなります。

家事に優先順位をつけるとしたら、一番は出来ではなく、**家族がしあわせな気分になれるかどうか**、ではないかと思います。

百点満点の料理を出して喜んでもらいたいと、いつも思っています。だけれども、仕事が忙しかったり、帰りが遅くなったりしたときは、それができない。できないことでイライラしてもしょうがないのです。百点満点の料理を出すために材料費をかけ、失敗したら険しい顔をしながら何度もやり直して「さあ、どうだ！」と出しても、それは自己満足にすぎません。

食器洗いだって、我が家は食洗機に任せています。正直、結構いい据え置き型を買ったのだけれど、毎回きれいに洗えるとは限らないわけです。意外ときれいに洗える、というくらい。お米が張りついてたぞ、みたいな日もあります。

家事は妥協とやり繰りです。合格点を下げて、よしとする。

保育園の送迎も、できれば歩きたいと思っています。でも、朝、急いでいるときや、疲れてしまった帰り、雨の日など、やむを得ない日はタクシーを使うこともあります。タクシーを使った日も、無事に帰って来ただけでよしとする。

とくに子育て中の家事は完璧をめざさなくていい。**合格点の標準を下げれば、しあわせが増えます。**

3章

妊活は、愛だ！

赤ちゃんは、予定どおりに生まれない

２０１７年７月７日、43歳にして第一子となる長女を授かりました。予定日は７月26日。まさか３週間も早く生まれてくることがあるなんて、知りもしませんでした。

妻はこの出産の１カ月前、切迫早産のリスクがあると言われて、入院していました。切迫早産という言葉を知ったのも、このときです。早産というのは、妊娠22週以降37週未満で赤ちゃんが生まれてしまうことを言うそうです。そして、妻が診断された切迫早産とは、早産の一歩手前、赤ちゃんが生まれかかっている状態のことなのだそうです。

診断を受け緊急入院した妻は、約３週間ベッドの上で安静に過ごしました。私もほぼ毎日、病院に通う日々でした。なんとか落ち着き、もう大丈夫だということで退院したところ、すぐに出産の兆候があらわれ、病院に逆戻り。出産となりました。後で、これ以上早かったら、肺ができてない段階だったと聞かされ、身が震える思いがしました。

陣痛が始まってからも難産で、出産まで１日半くらいかかって、やっと生まれました。赤ちゃんの心拍数が低下し、吸引が行われ、蘇生器が用意されるほどだったそうです。

私はその場に立ち会えず、その日のドラマは妻から聞きました。

妻は、42歳での初産でもあり、無痛分娩を選択しました。無痛分娩とは、麻酔によって陣痛の痛みを和らげて分娩する方法です。ちょうど無痛分娩による妊婦死亡事故や子どもに障害が残る事故が複数、ニュースに取り上げられていた時期で、妻もとても神経質になっていました。

ただでさえ出産前の女性は、分娩が近づくにつれて不安や緊張が高まると言われています。加えて妻は不妊治療の末の高齢初産。無痛分娩に関するニュースは、かなりこたえたようです。不安が強くなり、出産前に、赤ちゃんの心拍が止まるというとても怖い夢を見たとも言っていました。これは、実際の出産時に赤ちゃんの心拍数が落ちたのだから驚きです。

無痛分娩に関しては、２０１８年3月には厚生労働省から「無痛分娩の安全な提供体制の構築に関する提言」が公表されるほど、社会問題化しました。無痛分娩の割合は、増加傾向にあるとはいえ、日本では5・3％で諸外国に比べると少ないそうです。

お世話になった産院でも、無痛分娩を始めたのはここ数年だと言っていました。要するにまだまだ日本ではこの方法が浸透していないわけです。だからこそ、安全体制の構築が重要だという議論ならよかったのですが、一方で「相次ぐ死亡事故」だ、「重度障害事例」

だと、いたずらに妊婦の不安を煽る形になってしまったことが残念でした。

もちろん、私は、妻の不安を少しでも払拭するつもりで、出産には立ち会う気でいました。予定日の前後はスケジュールを空けてもいました。7月26日が予定日だったので、8月以降は、全力で子育てをするつもりで、予定を白紙にしていたほどです。

ところが、生まれたのは予定日の3週間前。出産に備えて前倒しで詰め込んでいたスケジュールを動かすことができませんでした。

こんなに早く生まれるものなのだろうかと驚きましたが、早産は全妊娠の約5％に発生するそうです。妊娠22週で生まれた場合、赤ちゃんの体重は500gほど。2018年10月に長野県で生まれた258gの男の子が、半年後に3300gにまで育って元気に退院する様子がニュースになっていましたが、小さく生まれると、長期間の入院による新生児医療が必要になります。もう少し長くお腹のなかにいても、妊娠34週以前に生まれてしまうと、自力で呼吸することは難しいのだそうです。

娘が生まれた瞬間、私は講演中でした。いつものように、時計がわりにスマートフォンを手元に置いて話していたところ、パンっとLINEのポップアップで「産まれた」という通知がきて、娘の誕生を知りました。さすがにポップアップに反応してしまい、「あっ」と絶句。その後、「生まれました」と声に出して言ったら、会場から拍手が沸き上がりました。

講演が終わってすぐ車で病院に駆けつけ、娘と初めて対面しました。新生児室には、この日生まれたたくさんの赤ちゃんがいたのですが、名札を見る前に、あれが私の娘に違いないとわかりました。実際、当たっていました。

切迫早産による3週間の入院を経て、予定日より3週間早く生まれた娘。

生まれた瞬間から、大きな声でよく泣き、見開いた目で周りを見つめていたそうです。目のあたりや、くせ毛が、私に極めて似ていると感じました。

感動しました。

ここまで長い道のりでした。妊活を始めてから5年。妊娠するのは奇跡に近いと、私のほうが言われていました。妊娠したことも奇跡でしたが、無事に生まれてきてくれたことも奇跡なのだと、感慨深く思いました。

病院で対面したあと、六本木のテレビ朝日に向かい、ＡｂｅｍａＴＶに出演。番組の出演者、スタッフ、視聴者の皆さんに祝福していただき、私が父になった特別な一日が終わりました。

「子育て世代」の実像って誰？

妻42歳、私が43歳のときに親になりました。その前に5年間の不妊治療を行っています。

私の妊娠・出産の知識といえば、避妊だけでした。

避妊の知識も、高校の保健体育の授業やデートマニュアル本、青春ドラマで学んだことくらいしか記憶にありません。高校生男子の頭には「妊娠＝避けるべきこと」とインプットされてしまっていました。

30代後半になっていざ授かりたいと思ったとき、**そう簡単に授かるわけではない**と知って、愕然としました。

いま、日本では晩婚化・晩産化が進んでいます。

内閣府の『少子化社会対策白書』によれば、たしかに平均初婚年齢は、２０１５年で、夫が31・1歳、妻が29・4歳となっており、30年前と比較すると、夫は約3歳、妻は約4歳上昇。第1子出生時の母親の平均年齢も30・7歳で、30年前と比べるとこちらも約4歳上昇しています。晩婚化・晩産化の進行を確認することができます。

それは妊活クリニックへ通いながら実感したことでもあります。本当に人間ドラマだなと思いました。妻よりもさらに年上の女性も来ていたし、飲み会などの席で僕より2、3歳年上の女性が妊活しているという話をしてくれたこともありました。

働く女性の増加も晩婚化・晩産化の原因とされています。仕事と子育ての両立を支える環境が整わないことや、結婚や子育てで失うことになるものなど、女性の晩婚化・晩産化に影響していることは想像に難くありません。

一方で、妊活に関する調査も増えています。

国立社会保障・人口問題研究所が発表した「2015年社会保障・人口問題基本調査」によれば、3組に1組の夫婦が不妊を心配したことがあり、子どものいない夫婦ではなんと半数以上、55・2%が不妊を心配したことがある、または現在心配していると答えています。実際に不妊の検査や治療を受けたことがある、または現在受けている夫婦は全体の18・2%、子どものいない夫婦に限ってみれば28・2%、およそ3割です。

夫婦全体の5・5組に1組が不妊治療を経験していることになります。

2018年にロート製薬が発表した『妊活白書2018』で、「妊活を始めた（子どもが欲しいと思った）のは何歳か」の答えとして最も多く上がったのは「30～34歳」でした。男女ともに平均32歳でしたが、回答者を年齢別に見ると、年齢が高くなるにつれ開始時期が遅くなる傾向にありました。

妊活の開始時期が遅くなり、しかもだんだん妊娠しにくくなることを考えると、不妊治療を経由して出産に至った夫婦の第一子出生時の母親の年齢はより高くなるのではないでしょうか。そして、高年齢で出産する割合も増えていると考えます。

そうすると、**「子育て世代」という言葉は、どの年代を指すのでしょう**。我が家は現在、絶賛子育て中ですが、「子育て世代」と言っていいのでしょうか。「子育て世代」と言われて思い浮かぶ夫婦像は、何歳くらいなのでしょうか。

さまざまな白書などを見ると、とくに決まった定義はないようで、「20代から30代」「25〜44歳」「30代〜40代前半」などまちまちです。しかし、おおむね30代の夫婦が想定されているように見えます。

世の中で繰り広げられる出産・育児話において、私たちのような40代夫婦の存在はないものとして扱われているのではないか。そう思えるほどです。

妊活中は、「少子化対策」という言葉が嫌いでした。子どもをつくれない夫婦に用はないのか、と歪んで捉えてさえいました。別に少子化対策のために、経済成長のために子どもを生み育てるわけではありません。しかも、40代の妊活の努力は理解されない。

マイノリティであることはわかっています。どこかで、もう無理なんじゃないか、わがままなんじゃないかと思いながら、妊活を続けていました。とくに妻は、子どもを授かるために、並々ならぬ努力をしました。

晩婚化・晩産化の影響で、子育て世代の年齢層も上がっています。そうすると、その親、つまり祖父母の年齢も上がっているわけです。ここにもう一つ、介護の問題が浮上します。子育てをしつつ介護も担うのが、この世代です。一方で働き盛りでもあり、会社の中枢を担っている世代でもあるわけです。

20代よりも30代、30代よりも40代のほうが、体力は落ちていきます。健康面での心配も出てくる年代です。

育児、介護、仕事、病気。一気にあらゆるものが押し寄せる世代が、現代の子育て世代なのです。

自然に授かるのは、無理

子どもが欲しいと思い始めたのは、30代後半になってからです。結婚してしばらくは、子どもはいなくていいと思っていました。ふたりでの自由気ままな生活に気楽さも感じていました。

ところが、いざ授かりたいと思ったときに、まったくうまくいかなかったのです。

私たちは、自分たちの妊娠・出産を、多少甘くみていたところがあります。妻の家系が多産家系なので、私たちも同じだろうと、なんとなく思い込んでいました。

妻の母は20歳から25歳にかけて3人の女の子を産んでいます。結婚したら長女がすぐできたと聞いていたので、欲しいと思えば授かるし、産もうと思えばすぐに産めるのだと考えていました。ところが、なかなか授からないわけです。

最初は妻が調べてきました。妊活専門のクリニックに行くわけでもなく、妻だけが、基礎体温をつけたり、ホルモンバランスを整える治療を受けたり、漢方を使って体質改善を行ったりしていました。

妻が専門のクリニックにも行き始めたのは、いつ頃からだったでしょうか。いま思えば、妊活を始めたころから一緒に専門のクリニックへ行けばよかったと思います。しかし、当時は、「ふたり妊活」がどういうものかよくわかっていなかったのです。

クリニックで本格的に治療をすると、お金がかかります。そのため、行ったり行かなかったりの数年を過ごしました。

「たいてい夫婦で来ているよ」と妻に言われて、私も一緒にクリニックへ行くようになったとき、すでに40歳を超えていました。非常に無頓着だったなと反省しています。

女性の場合、30歳を超えると自然に妊娠する可能性は少しずつ下がり、35歳くらいからは急激に下がるらしいのです。35歳以上の初産を高齢出産と言うことや卵子が減る話、卵子の老化の話は、妊活をしているときに聞きました。しかも、1990年代初頭までは、30歳以上が高齢出産と言われていたのだそうです。男性の精子も、加齢とともに少しずつ機能が低下し、生産量も減少していくと聞きました。

男性も女性も個人差が大きく、20代でも妊娠しづらかったり、45歳でも妊娠したりすることもあるそうです。ただ、一般的に、35歳以上の初産は高齢出産。38歳で「そろそろ子どもが欲しいね」では、遅かったのです。

不妊治療をしていても、なかなか授かりませんでした。

日本産科婦人科学会のデータ（2010年）によれば、30歳で不妊治療して赤ちゃんを授かる確率は19・9％、35歳で16・3％、40歳で7・7％、45歳では急激に減って0・6％です。もちろん、これは分母から子どもを授かった人が抜けているからとも捉えられますが、高年齢での妊活は精神的にも肉体的にもつらいです。

「お子さんはまだなの？」と無邪気に聞かれることが、だんだんつらくなっていきました。年賀状をもらうのも嫌でした。とくに妻は、年賀状で子どもの写真を見るのが嫌だと言っていました。SNSも危険です。妻は積極的にSNSで発信するタイプではないのですが、非常時の連絡用にアカウントを持っています。そうすると、唐突に子どもの話題が通知されたりするわけです。「みんな子どもがいるんだ」と寂しそうに言っていました。

「前回もダメだった」「今回もダメだった」ということが毎月繰り返されると、だんだん、気持ちも落ち込んできます。妊活は、**どこを終わりにするか難しい**ものです。タイミング療法がうまくいかなければ人工授精、人工授精がうまくいかなければ体外受精、体外受精がうまくいかなければ顕微授精、顕微授精がうまくいかなければ海外での代理母出産と、医学の進歩に伴って、「次」が無限にあります。

●タイミング法

超音波検査や頸管粘液検査で排卵日を診断して性交のタイミングを合わせる方法です。排卵誘発剤を使う場合もあります。

●人工授精

精子が通常でない場合に、夫が採取した精液を洗浄し、細い管を使って子宮に精子を直接注入する方法です。

●体外受精

卵管がつまったりしている女性の妊娠を可能にするために、卵を体外で精子と混ぜて受精させ子宮に移植する方法です。

●顕微授精
精子が少なかったり動きが悪かったりする男性不妊症の治療法で、卵子の周囲の透明体に穴を開けて精子が卵子に達するのを助けるか、精子を卵子に直接注入する方法です。

もはや、子どもを自然に授かることは諦めたうえで、次の治療に進むかどうかの選択を突きつけられるわけです。夫婦で妊活に関する考え方に温度差があると、その後の夫婦関係に悪影響を及ぼす**「妊活クライシス」**にも陥りかねません。

「そろそろ子どもが欲しいね」と話してから、授かるまでに5年かかりました。

私がいま、家事と子育てを優先しているのは、妊活を通じて、できるだけ妻の負荷を減らしたいという思いが強くなったからかもしれません。

知らなかった　その①　35歳以上は高齢出産

妻は37歳から不妊治療を始め、42歳で第一子である娘を出産しました。

しかしそれがタイミングとしては遅かったことを私が知ったのは、じつは不妊治療を始めてからでした。

女性を取り巻くライフスタイルの変化や生殖補助医療の発達などの影響で、妊娠・出産の年齢は上がっています。日本では、1990年代初頭までは、30歳以上での出産が高齢出産と言われていたのだそうですが、現在は35歳以上の初産、2人目以降は40歳以上が高齢出産と呼ばれているようです。2016年には35歳以上での出産が3割近くに増加。私のまわりにも35歳を過ぎてから出産している人は何人もいます。

それどころか、2015年の厚生労働省の報告では、40～44歳での出生数が約5・2%、45～49歳での出生数が0・1%を占めています。高齢出産は明らかに増加傾向にあり、出産年齢の高齢化は進みつつあります。

では、**なぜ高齢出産が問題になるのでしょうか。**

私も知らなかったのですが、まず前提として、卵子のもとになる卵細胞は、女の子がお母さんのお腹の中にいる胎児のときが一番多く、出生時には半減、その後、成長と共に減っていくものなのです。胎児のとき約700万個つくられた卵細胞は、思春期には30万個まで減る仕組みになっているのだそうです。残っている卵細胞も、母体と共に年をとった卵子です。

卵子は老化するのです。

卵子の老化が質の低下を招くはっきりとした理由はまだ分かっていないようです。ただ、女性が35歳以上になると、妊娠しづらくなり流産率が上がる原因は、卵子の老化が染色体異常や受精後の胚発育の悪化に影響を与えているからだと考えられています。

高齢妊娠にともなう染色体異常などを心配して、出生《しゅっしょう》前《ぜん》に胎児の状態を診断する出生前胎児診断を受ける女性も増えています。私たちも、受けました。高齢妊娠・出産だからということもあって、できることはすべてやろうと思いました。

検査結果によって、中絶を希望する夫婦もいます。とくに妊婦の血液中に微量に含まれる胎児の遺伝子を検出することによって、ダウン症などの染色体異常を出生前に診断する「新型出生前診断」の臨床研究が始まって以降は、「いのちの選別につながる」という議論も起きています。一方で、胎児に病気が見つかった場合でも、病気によっては出産前から治療を受けられるケースもあるとのことです。

ただ、「安易な中絶につながる」と批判されていますし、そのリスクは私も認識してはおりますが、そうならないような取り組みもされています。私たちが事前に受けた説明も、聞いているだけで涙が出るほど重いものでした。私たちは年齢のこともあって「新型出生前診断」を受けることにしましたが、いのちについて真剣に考える機会を得たこともあり、結果的に、受けてよかったと思っています。

２０１９年3月には、日本産科婦人科学会が「新型出生前診断」の実施施設要件を緩和する方針を固めたことで、反対する団体が懸念を表明して話題になりました。結果的に新指針の運用は見送られた形ですが、妊娠・出産は個人の問題ですが、さまざまな意見があることを知りました。

一方で、母体自身の問題もあります。もちろん個人差はありますが、母体も35歳を過ぎると出産に備えるための能力が低下していきます。妊娠高血圧症候群や腎臓障害、妊娠糖尿病が発症しやすくなったり、前置胎盤など、母体と胎児に与えるリスクも高くなります。

妊娠は、女性の卵子と男性の精子が結合する受精を経て、受精卵が子宮内膜へ着床することで成立します。

受精したというのと着床したというのでは、まったく違うのです。ちゃんと着床したと聞いたときは、感動しました。不妊治療期間中は、毎月、着床するかどうか妻がナーバスになっていたので、検査結果を聞きに行く度に、私は妻に「大丈夫、瀬戸内ちゃ、、、、くしょうだよ！」と言って笑いをとって送り出していました。だから、着床が分かったときは夫婦で「瀬戸内！」と言いながら狂喜乱舞しました。不謹慎ですし、瀬戸内寂聴さんには大変に失礼なことを言いましたが、**オヤジギャグで意識的に笑いを入れないと耐えられない緊張感がありました。**

着床後も、知らないことだらけでした。

例えば、つわり。着床がわかり、ほどなくして妻のつわりが始まりました。つわりはおおむね妊娠初期に起こるものだと知ったのも、この時期です。お腹も全然大きくなっていないのに、こんなに気持ちが悪くなるものなのかと驚きました。我が家は私が料理をつくっているので、この時期は、妻が食べられるものを工夫して出すようにしました。

妻の好物だと思って出しているものが、つわりのせいで食べられなくなることも多く、苦慮しました。刺身など、妊娠前や出産後は平気で食べているのですが、一時期だけ食べられなくなるものがあるということも、初めて知りました。

同時に、妻が攻撃的になったように感じることが多く、その点も難儀しました。ホルモンバランスが崩れていらつくらしいのです。大変だったのは妻自身なのですが、ちょっとした私の言動が気に入らないらしく、当たられました。私は相当、家事を担当しているほうだし、全力で妻をサポートしていたと思うのですが、なにをやっても叱られました。

ただ、これも、妊娠中の女性は自分でコントロールできない心身の不調があるのだとわかりました。この時期に、妻の言うことには絶対服従しようと決め、いまに至るというわけです。

知らなかった　その② 不妊は男性にも原因がある

私たち夫婦の不妊の原因は、男性である私にありました。

じつは不妊の原因の半分は男性にあると言われているのですが、私はこのときまで知りませんでした。もっと早く知っていれば、妻だけが不妊治療のクリニックに通う期間を短くできたのにと、いまは申しわけなく思っています。

男性の不妊症の原因には、精液中に精子がない無精子症、射精がうまくいかない性機能障害、精液の中の精子の数や運動率が悪くなっている精液性状低下があります。無精子症に関しては、ロックシンガーのダイアモンド✡ユカイさんが自身の体験を公表し、話題になりましたね。

女性の卵子とは違い、男性の精子は生涯を通じてつくられます。精巣がなくならない限り、精子はつくられ続けますが、加齢とともに少しずつその機能が低下するということも、このとき初めて知りました。もちろん、個人差があり、63歳で父親になった故・岡田眞澄さんのような例もあります。

しかし、不妊の原因が男性にある可能性も高いことに気づいていない男性も多いのではないでしょうか。

何軒目かのクリニックで、私の精子の運動率が悪い、奇形が多いということが分かりました。クリニックの医師から、「正常な精子は50分の１くらい。受精するには顕微授精しか方法はない」と言われたときに愕然としました。なにせ、精子がまっすぐ進まない。まるで私の人生みたいなものじゃないか、とも思いました。

同時に、なぜそれまで通っていたほかのクリニックでは、なぜ指摘されなかったのかと疑問にも思いました。調べてみると、クリニックによって得手不得手があることがわかりました。

２０１６年の資料ですが、日本の生殖医療専門医は、約６００名。その中でとくに男性の不妊症を専門に診る医師は50名弱しかおらず、男性不妊に対応できる施設が少ないのが実情なのです。

不妊治療には、段階があります。

排卵日を診断して性交のタイミングを合わせる「タイミング法」、薬や注射で排卵を誘発する「排卵誘発法」、精子を注入器で直接子宮に注入する「人工授精」、卵子と精子を取り出して体の外で受精させてから子宮内に戻す「体外受精」や「顕微授精」です（86頁参照）。すぐには妊娠を望まない女性が、少しでも若い卵子を凍結保存しておく「卵子凍

不妊治療の流れ（概略図）

区分	段階	治療		内容
保険適用	検査			①男性不妊、②女性不妊、③原因が分からない機能性不妊に大別される。（診察所見、精子の所見、画像検査や血液検査等を用いて診断する。）
保険適用	原因の治療	男性不妊の治療		精管閉塞、先天性の形態異常、逆行性射精、造精機能障害など。手術療法や薬物療法が行われる。（一部を除き保険適用）
保険適用	原因の治療	女性不妊の治療		子宮奇形や、感染症による卵管の癒着、子宮内膜症による癒着、ホルモンの異常による排卵障害や無月経など。手術療法や薬物療法が行われる。※一部、原因が分からない機能性不妊に行われる場合あり
機能性不妊や治療が奏功しないもの	夫婦間で行われる人工授精、体外受精など	人工授精(AIH)		精液を注入器で直接子宮に注入し、妊娠を図る。主に、夫側の精液の異常、性交障害等の場合に用いられる。比較的、安価。
機能性不妊や治療が奏功しないもの	夫婦間で行われる人工授精、体外受精など	生殖補助医療	体外受精	体外で受精させ、妊娠を図る。採卵を伴うため、女性側の身体的負担が重い。主に、人工授精後や女性不妊の場合に用いられる。
機能性不妊や治療が奏功しないもの	夫婦間で行われる人工授精、体外受精など	生殖補助医療	顕微授精	体外受精のうち、人工的に（卵子に注射針等で精子を注入するなど）受精させるもの。
機能性不妊や治療が奏功しないもの	夫婦間で行われる人工授精、体外受精など	男性に対する治療		顕微鏡下精巣内精子回収法（MD-TESE）。手術用顕微鏡を用いて精巣内より精子を回収する。

（点線枠）国費で助成（不妊に悩む方への特定治療支援事業の対象）

厚生労働省「仕事と不妊治療の両立支援のために」より

結」という方法もあります。

この「顕微授精」を勧められたのです。「顕微授精」は、ある程度いろいろ試してから辿り着く治療のようです。「顕微授精しか方法はない」と言われたクリニックで顕微授精を行い、すぐに子どもが授かりました。ここまで5年かかりました。

不妊治療は、費用の問題もあります。とくに人工授精、体外受精、顕微授精は健康保険適用外です。1回当たりの費用も施設によってまちまちで、人工授精は1〜4万円、体外受精は20〜60万円、顕微授精は30〜70万円といわれています。もちろん、1回で着床に至ればよいのですが、なかなかそううまくいかないことも多く、この金額に回数を掛けた費用がかかってきます。

我が家も妊活期間5年間で、妻の体質改善にかけたお金などを含めると、トータルで数百万円はかかっているのではないかと思います。

ただ、最後にかかったクリニックは受精し着床したら費用が発生するという成果対応型のクリニックだったため、心理的な負担は少なかったように思います。クリニックによって費用や仕組みが違うため、かかる際には確認が必要です。

クリニックに行ってみると、私より年上の人もいらっしゃっていました。様々な年齢の方が不妊治療に取り組んでいます。40代半ばの女性は、授かるまで3000万円かかると言われたと言っていました。

私自身、不勉強だったと思いますが、実際に経験してみて妊活という世界があることを知りました。同時に、お金がないとできないことなのかと驚きもしました。ただ、なかには年収400万円くらいの方でも、希望を託してがんばっている人もいるという話も聞きました。

少子化に歯止めをかけたい政府も、2004年に、特定不妊治療費助成制度を創設しました。1回15万円が、妻の年齢が40歳未満であるときは6回（40歳以上であるときは通算3回）まで給付されるようになっており、2019年からは初回の治療に限り30万円まで助成されるようになっています。指定施設の利用や所得制限など、一定の基準が設けられているので、どれだけ必要な人に届くかわかりませんが、利用できる方はどんどん利用するといいと思います。

まだまだ「妊活なんて」と感じる人も多いと思います。でも、なかなか言えないけれど、自然に授からないことは、結構ある問題なのだと踏み込んでみて実感しました。

不妊の原因は、女性に半分、男性に半分あるといわれていますが、わからないことも多いのだという話も聞きました。そうすると、諦めどきの判断がつかないという苦しさがあります。モヤモヤしますね。

私の場合は、妻が妊活を始めた頃、ちょうど大学院に通っていたため、時間がなく、妊活を妻だけに任せていた時期が長くありました。結果的に、私に原因が見つかり、顕微授精で授かることができましたが、5年を費やしました。その間、私たちは5年ずつ年をとりました。

多くの男性には、どこかに「妊活は女性のもの」という意識があるのではないでしょうか。5年前の私にも、たぶん、あったのだろうと思います。

いまなら、妊活は家族の問題。夫婦で取り組む仕事だと言えます。

知らなかった　その③　母体にかかる負担がすごい

不妊治療は、男性も一緒に行うこととはいえ、女性のからだへの負担は大きなものです。まず、排卵日を診断するための超音波検査や頸管粘液検査のために何度もクリニックへ通います。排卵周期に合わせてクリニックへ通院することになるので、時間のやりくりが大変です。予約をとるとはいえ、クリニックは混んでいるので、何時間か待つこともあります。働きながらの不妊治療は、本当に大変なことばかりです。

また、体外受精、顕微授精を行う場合、女性の場合は、痛みを伴う採卵や注射による下腹部の腫れなど、からだにも大きな負担がかかります。ホルモン刺激療法や排卵誘発剤などの影響で、イライラしたり、気分が落ち込んだりすることもあるようです。

治療の内容を知っていれば、多少当たられたとしても、「そういうものだな」と受け止めることができますが、任せっきりにしていてなぜ妻の態度が冷たいのかわからないと、男性の側もつらくなります。

好運なことに着床したとしても、出産・育児は未知の体験の連続です。

私は、妊娠に適した年齢があることを知らなかっただけでなく、妊娠した女性の心身が出産までにどのように変化していくかについても知りませんでした。

妊娠=出産ではないということも知らなかったのです。

うまく着床したとしても、出産に至るまでには、まず流産の危険を乗り越えなければなりません。ただ、流産は、高齢出産や不妊治療には関係なく、妊娠のおよそ15%に起こる出来事です。およそ8割は胎児の染色体異常が原因なのだそうです。ドラマなどでは、お母さんの体調不良やハードワークが原因で流産してしまうシーンが描かれたりしますが、それだけが原因ではありません。どんな妊婦さんにとっても危険があることです。

まれに、何度も流産を繰り返してしまう「不育症」という症状が出てしまう妊婦さんもいるようです。この場合は、また別の治療を受けることになります。

自然流産率も妊婦が40歳以上だと、30代前半の4倍のリスクがあり、妊婦死亡率も高まります。必要以上に怖がることはありませんが、**妊娠・出産は、本当に大変な仕事なのです**。男性はフォローしかできませんが、全力でフォローすると決めました。

妊娠初期は流産の危険も高く、98%の流産が12週目までに起こるのだそうです。この時期は、お母さんは体調が悪くても、胎児に影響が出る可能性があるので市販薬を勝手に飲むこともできません。つわりも始まって、妻も本当に大変そうでした。

やっと妊娠5カ月（16週目）くらいで、安定期といわれるようになります。

安定期になったからといって、出産までなにもない、安心だということではありません。貧血になりやすくなったり、便秘や痔にもなりやすくなったりします。お母さん自身の体調管理が大変です。また、現実的にお腹が出てくるため、前かがみの姿勢がとりづらくもなります。自分の足の爪も切れないなんていうことが起こってくるわけです。

妊娠8カ月（28週目）からは、妊娠後期です。お腹がどんどん大きくなって、張りやすくなるそうです。お腹が張ると胎児にも影響が出るので、無理は禁物。自分の気持ちだけで動き回るようなことが物理的に難しくなります。生活するだけでも、休み休みになります。妻が、切迫早産のリスクがあると言われて3週間も入院したのも、この時期です。

なんとか妻は3週間、安静にして乗り切りましたが、結局、娘は予定日より3週間早く生まれることになりました。

分娩方法にも、自宅出産、水中出産、ラマーズ法、ソフロロジー式、無痛分娩、帝王切開など、いろいろあります。

妻は無痛分娩を選びました。日本では、全分娩のうち約5％が無痛分娩で、近年は増加傾向にあるそうです。これについても私は、「痛みが無いにこしたことはない」くらいの知識しかありませんでした。結果的に、まったく痛くないということはなかったようです。まず麻酔を打つ注射が痛いですし、分娩時の痛みもまったく感じないわけではなく「鎮痛分娩」くらいだったようです。

出産は難産で、陣痛が始まってから生まれるまでに1日半くらいかかりました。

無痛分娩については、複数の妊婦さんの死亡事故を受けて、厚生労働省が、無痛分娩を行う診療所や病院の情報公開を行うなど、さまざまな報道がされました。私たちは、ふたりでクリニックの説明会に参加し、納得のうえで無痛分娩を選びましたが、どの分娩方法にもメリットとデメリットがあると思います。

必要以上に怖がることはありませんが、妊婦さんの体調や年齢なども考慮して、より安全なお産ができるよう、**男性の側も勉強して、できる限りサポートしていくべき**なのだろうと思います。

妊活で、夫婦の愛が強くなる

私たちは出生前診断を受けたうえで出産に臨みました。

出生前診断とは、妊婦の血液中に微量に含まれる胎児の遺伝子を検出することによって、ダウン症などの染色体異常を出生前に診断する検査のことです。

高齢出産の場合、卵子の老化により、胎児の染色体の数の異常が多くなる可能性が指摘されています。事前に知りたいと考える親が多いため、お医者さんから「どうしますか」と聞かれます。

もちろん、出生前診断は全員が受けなければいけない検査ではありません。35歳以上で妊娠した場合でも、検査を受けずに出産に臨む夫婦もいます。検査を受けること自体がいのちの選別につながるという意見もあります。

出生前診断を受けるかどうか迷った場合は、お医者さんやクリニックに必ずいる専門のカウンセラーに相談し、納得いくまで考えたほうがいいと思います。

私たちも検査を受ける前に、お医者さんから本当に重々しい、苦しい説明を受けました。「いのちの選別につながる」「簡単に中絶する人が増える」という意見があることも承知しています。しかし、**出生前診断を受けると決めた人たちは、そこを乗り越えて決断しているのだ**ということだけは伝えておきたいのです。

私たちも、詳細にダウン症の説明を受けました。写真を見ながら、「ダウン症の子どもたちは同じような顔になるというけれど、そうでもないでしょう」「ダウン症でも大学に行く人はいるんですよ」ということも教えていただきました。

結果を踏まえ、40歳を超えて人工妊娠中絶を選択した場合の母体への影響についても、丁寧に説明を受けました。人工妊娠中絶は出産と同じ手順を踏むと聞き、その重さに非常に衝撃を受けました。

そして、出生前診断検査にもさまざまな手法があることを教えていただきました。

まず、出生前診断の検査には、超音波を使った画像の検査と、染色体疾患に対する検査があります。染色体疾患に対する検査も大きく分けると、胎児の疾患の可能性を推定する「非確定的検査」と、正確に診断するための「確定的検査」があります。

非確定的検査には、①超音波断層法、②母体血清マーカー検査（クアトロ検査、トリプルマーカー検査）、③母体血を用いた新型出生前遺伝学的検査（NIPT：Non-Invasive Prenatal Testing）があります。非確定的検査で「陽性」と診断された場合に、④羊水検査、絨毛検査といった確定的検査を受けることになります。確定的検査は、母体のおなかに針を刺して羊水や絨毛を採取するため、母体と胎児に少なからずストレスがかかります。

①超音波断層法

すべての妊婦が受けることになる、いわゆるエコー検査です。ます。胎児の発育状態や男女の診断だけでなく、からだの異常が見つかる場合もあります。染色体異常の確率を推定する超音波検査を行うクリニックもあります。

②母体血清マーカー検査

母体から血液を採取して、胎児の染色体異常の可能性を推定する検査です。妊娠15週ごろから可能です。

③母体血を用いた新型出生前遺伝学的検査

母体から血液を採取して、血液に混じっている、胎児由来のＤＮＡ成分を分析して染色体異常を推定する検査です。妊娠10週以降で検査可能です。35歳未満の妊婦では偽陽性（誤った陽性判定）が多くなるため、２０１9年7月現在日本では「臨床研究」という形で行われています。

④羊水検査、絨毛検査

母体のおなかに針を刺して、羊水や絨毛細胞を採取し、胎児の細胞を集めて染色体の数を調べる検査です。染色体の数を直接数えることができる精度の高い検査ですが、流産や早産がおこる可能性がゼロとは言い切れません。

私たちは、新型出生前遺伝学的検査を受けました。臨床研究だということ、自費診療になるという説明を受け、実際に30万円近い費用がかかりました。

結果的に、私たちの子どもは陰性でした。

結果を聞いた帰りの車の中で私は妻に、「陽性でも陰性でも、産もうよって言おうと思っていたよ」と言いました。

陽性だろうとなんだろうと、この年齢で授かることはめったにありません。現にここまで5年かかっているわけです。次はないと思いました。

しかも、この検査が陰性だからといって、必ず健康で生まれてくるとは限らない。生まれてからだって、なにがあるかわかりません。親になるとは、その**すべてを受け止めることだ**と強く思いました。だから、「産もうよって言おうと思っていたよ」と。

妻も、「じつは私もそう言うつもりだった」と答えました。

父になる私より、母になる妻のほうが、身体的にも精神的にも重い決断をしたと思います。結局、生まれてからどころか、生まれるまでにも切迫早産での入院があり、出産が3週間も早まるなど、紆余曲折があって、2017年7月に、無事に娘は誕生してきてくれました。

おかげさまで娘は、いまのところ、ちょっと肌にアザがあるくらいで健康です。この先なにがあってもこの経験に立ち返ればほとんどのことは乗り越えられると思っています。

妊活のために働き方改革を

妊活中、私は比較的時間が自由に使える働き方をしていたので融通が効きましたが、妻は仕事とのやりくりが大変そうでした。

不妊治療は、タイミングが大切です。そのため「この日！」という日は、仕事を休んで午前中に病院に行かなければならないということが、夫婦ともに月に何度か起こります。身体的にも精神的にも疲れる治療ですが、午後からは出勤するという人も多いようです。

しかし、実際は**「こんな気持ちで普通に働けるかよ」**と思いながら出勤するわけです。少なくとも、私は何度もそういう気持ちになりました。思春期でもないのに朝からＡＶを渡されるのは苦痛でした。

２０１８年3月に厚生労働省が「不妊治療と仕事の両立に係る諸問題についての総合的調査事業報告書」を公表したところ、不妊治療をしたことがある人の中で、不妊治療と仕事が両立できなくて退職した人が16％いると話題になりました。

不妊治療と仕事を両立している人の中でも、両立が難しいと感じた人の割合は87％。仕事を続けながら不妊治療を行っている人のおよそ9割が「両立が難しい」と感じているのです。その理由としては、「通院回数が多い」、「精神面で負担が大きい」「待ち時間など通院時間にかかる時間が読めない、医師から告げられた通院日に外せない仕事が入るなど、仕事の日程調整が難しい」が多くなっています。

不妊治療に特化した制度を設けている企業は、全体の19%。特別に「不妊治療のための休暇制度」を設けていなくとも、不妊治療を行っている従業員が利用できる柔軟な働き方を可能とする制度がある企業は全体の43%という回答でした。柔軟な働き方のうち、最も多い制度は「半日単位・時間単位の休暇制度」でした。

不妊治療をしていることを職場で伝えている、あるいは伝える予定である人の割合は38%。意外と多い印象ですが、伝えていない理由として1番に挙げられているのは「不妊治療をしていることを知られたくないから」でした。

私はオープンにしていましたが、知られたくないという人の気持ちもわかります。反対に、不妊治療の経験のない人に「不妊治療している人と一緒に働くうえで、治療をしていることを伝えてほしいと思いますか」と聞いたところ、「伝えてほしい」と答えた人は22%、「伝えなくてもよい」と答えた人は78%もいました。「伝えてほしい」と答えた理由としては、「治療のための急な休みや体調不良に対して対応できるから」や「事情がわからないと（休みがちなため）不信感を抱きかねない」というものもありました。

不妊治療をしている人もしていない人も、職場で遠慮し合う様子が見てとれます。デリケートな話題なだけに、フルオープンというわけにはいかないでしょう。

伝えていないことも影響しているのでしょうか、半数以上の企業が、不妊治療を行っている従業員について、「把握ができていない」と答えているのも象徴的だと感じました。把握できていないことの対策をとることは、企業にとって難しいことだと思います。しかし、妊活による退職者を出さないためにも、きめ細かな休職制度の設立・運用が望まれます。

一方、お金の問題もあります。不妊治療には、お金がかかります。我が家の場合は、妻が使っていた漢方薬や体質改善にかかわる食生活まで含めると正確な算出は難しいのですが、ざっくり500万円くらいかかっている印象です。一番多い費用帯は200〜300万円で、全体の2割だという調査もあります。

2019年4月に、不妊体験者を支援するNPO法人Fineが公表した調査によると、不妊治療の費用がますます高額化しているというのです。1回の体外受精に50万円以上かける人の割合は5年前の同調査に比べて1・6倍。また、精子を卵子に直接注入する顕微授精は1・3倍に増えているということです。

体外受精1回当たりの治療費を50万円以上かけた人は全体の27％から43％に増加。顕微授精で1回当たり50万円以上かけた人は45％から60％に増えています。

不妊治療は、1回で成功するとは限りません。夫婦の年齢にもよりますが、複数回、長期にわたって取り組むことになる治療です。治療費の総額でみると、500万円以上かかっている人が7％、300万～500万円未満の人も12％いるとの結果でした。

厚生労働省は、不妊治療の経済的負担の軽減を図るため、治療に要する費用の一部を助成しています。対象となる治療は、体外受精と顕微授精です。指定医療機関での治療に限っていますが、1回の治療につき15万円まで助成されます。それも1回だけでなく、通算助成回数は、初めて助成を受けた際の治療期間の初日における妻の年齢が40歳未満であるときは6回、40歳以上であるときは通算3回まで利用可能です。所得制限や助成期間などの制限はありますが、多少の助けにはなると思います。

妊活は、個人的な問題ですが、周囲の理解と助けがなければ続けることは難しくなります。働き方改革で、個人の生活と仕事の充実を図るのであれば、**妊活に関しても柔軟な働き方を認めていく**必要があるのではないでしょうか。

4
章

仕事は、やりくりだ！

2年で14冊から、1年で1冊に

仕事にだけ力を注いでいればよかった時期がありました。

新卒で入社したリクルートでは、残業が当たり前。当時は夜8時から会議が始まり、会議の後に企画書を書くような毎日でした。終電で帰り、自宅の最寄り駅近くで深夜2時まで同僚たちとお酒を飲み、朝7時に起きて出社するような働き方でした。そういう時代でもあったのです。その経験があるからか、いまも度を超えてがんばりすぎてしまうことがあります。

物書きとして一番仕事をしていたのは、2012年から13年にかけてです。会社員を辞め、フリーランスとして仕事をしながら大学院に通っていたころです。

共著も含め2年間で14冊の著作が出版されました。

半年かけて徹夜も繰り返し著書を仕上げました。多くは、初版止まりでした。妻には「マグロ漁船みたいな仕事をしているね」と言われました。漁に出て、マグロの穫れ高に一喜一憂しているようだというのです。

いわゆる「定収入」がない時期。水商売のような収入の増減を経験しました。「今月はこの講演で結構な入金があるぞ」「この仕事は何十万円になるぞ」という月もあれば、「今回は原稿料だけだ」という月もありました。

連載は月に20本。テレビやラジオ、新聞や雑誌などメディア出演も多くありました。非常勤講師の仕事をしながら、講演の仕事も週1、2本。執筆途中の本も常に抱えていました。いま振り返ってみれば、いつ寝ていたのだろうと思います。

大変に消耗し、体力的にもネタの貯金的にも全部使い果たした2年間でした。

2014年になると、フリーランスの仕事がやっと落ち着き始めました。これを機に、私も、妻だけに任せていた妊活に積極的に取り組み始めました。2015年4月には大学の教員として就職。直前の3月末までにリリースする仕事をがんばり、再度、怒濤の日々を過ごしました。

現在は、大学の教員と物書きをしながら、家事と子育てに勤しむ、いわゆる、兼業主夫です。

やるべきことが増え、40歳を超えて体力の衰えも感じるようにもなったことで、以前のように無茶な仕事の仕方はしなくなりました。睡眠時間を確保しないと、講義や子育ての質が落ちるので、1日7時間睡眠を死守しています。

今週は、少し睡眠時間を削って執筆をがんばろうと思っていたのですが、どうしても疲れて寝てしまいました。私の24時間で、いま自由になる時間は睡眠時間しかありません。睡眠時間を減らせば、その分を仕事に振り分けることができるのでしょうが、現在はこれが限界です。

子育てを優先順位の一番に挙げている時期なのです。

家事と育児はミッションと捉え、日々の優先項目に挙げています。大学の仕事も、講義や研究以外は会議や学生の引率など共同で行うものが多く、私の都合で優先順位を下げることはできません。38歳で大学院へ通い、41歳で得た仕事。力も入ります。

そうすると、自ずと削られるのが執筆の時間です。物書きとしての仕事が減りました。２０１８年1年間に出版された私の著作は、『社畜上等！会社で楽しく生きるには』(晶文社)の1冊でした。19年もいま書いてるこの1冊だけになりそうです。

専任の教員として採用が決まったとき、しばらく書籍は年1冊ペースに落とそうと考えていたので、予定どおりと言えば予定どおりです。しかし正直なところ、思うように仕事の時間が確保できない自分への焦りもあります。物書きとして、もう少し本を出すことはできたのではないかと思ったり、ウェブの連載にもう少し力を入れたいと思ったり。

「**以前の自分なら、これだけできていたのにな**」と悲しくなる日もあります。モヤモヤします。

子どもが生まれて職場復帰を果たした多くの人が感じる、以前のような時間配分では働けないジレンマを、いま、私も感じているところです。

自主的な「マミートラック」状態です。

「マミートラック」とは、「子育てと仕事の両立を目指す女性が、産休・育休の取得後、責任ある仕事を任されず、昇進確率の低い部署へ配属されること」（『現代用語の基礎知識2019』）です。私の場合は配属されたわけではないので、自主的な異動ということになるでしょうか。

しかし、そこで大事なことは、割り切りだと思うのです。それも、前向きな割り切りです。

私は「この1年で大事な充電をしているんだ」と割り切ることにしました。子育てという得難い経験に時間を割いている最中、潜入取材中だと思うようにしたのです。

妻にはよく「ワタクシ、飯炊き男です」と話します。実際、料理は私の担当ですし、私が早く帰る日はお風呂の用意もします。昔の主婦がしていたことを、一部、私もしていて、それを楽しんでいるのです。

兼業だけれど仕事もしているし、兼業だけれど家事も子育てもしています。

兼業主夫宣言、お勧めします。

わかる！　バリキャリ女子の気持ち

子育てに真面目にかかわると、仕事の質と量は落とさざるを得なくなります。「言いわけにするな」と言われそうですが、「いやあ、そりゃあ、できなくなりますわ」というのが率直な気持ちです。

子育てには、想像以上に時間がとられます。まだなにもできない人が社会で生きていくための手伝いをするのですから、当たり前です。体力を消耗するので、回復のための時間も必要です。しかも私は40代。20代、30代のように睡眠を削って力で押し切るような仕事はできません。その分、別の方法を身につけているとは思いますが、それでも、これでいいのかと忸怩たる思いは残ります。

娘を保育園に迎えに行く当番の日は、妻の帰宅が仕事で遅くなる日です。娘にご飯を食べさせて寝かしつけると、私も一緒に寝てしまいます。少し特殊な仕事なので、自宅の書斎でできる仕事もあります。いつも、娘が寝つくのを見届けてから書斎に戻って調べものや原稿書きをするつもりでいるのですが、これがとても難しいことなのです。

私が平日に家事と育児に振り向けている時間は、20分や30分ではありません。だいたい、毎日6時間くらいは家庭のことを考えています。ここまで家事と子育てにかかわっているからこそ、産休・育休後の女性の悩みが実感として分かるようになりました。

とくに、バリバリ働いてキャリアを積み上げてきたバリキャリ女子が出産後に陥る無力感。昇進が遠のく「マミートラック」は、切実な問題です。

結婚すると、本来であれば男女ともに家庭がのしかかってきます。子どもが生まれればなおさらです。子どもがひとりいるだけで、生活のあらゆる場面が変わってきます。ただ、家庭への責任感が増す一方で、仕事への責任感も増す年代です。

育児休業を終えて戻った職場で活躍するには、出産前のように働いて経験を積む必要があります。そんなことは、バリキャリ女子が一番よくわかっているでしょう。しかし、だからといって、子どもはいないものとして元通りの働き方をすることは、もはやできません。モヤモヤしますが。

私も、妻や娘の声を無視して、書斎に籠もることはできないのです。

これまで働く女性のフロントランナーたちが経験してきたことが、いま、私にも降りかかっています。考えてみてください。マミートラックを少しでも緩和するために、夫である男性が早帰りをすることを、企業は想定しているのでしょうか。夫と妻でやりくりする子育て世帯の男性に、現実として、「男性版マミートラック」の問題が起きているのではないかと危惧しています。

労働政策研究・研修機構が発表した「育児・介護と職業キャリア―女性活躍と男性の家庭生活」に、「男性であっても壮年期に長期の就業中断を経験すれば待遇のよい仕事に就く機会は制約される。男性も育児や介護のために労働供給制約が生じれば女性と同じくキャリアの不利を受ける可能性はある」と記されています。

そこを突破できなければ、真の意味での仕事と家庭の両立モデルは生まれないだろうと考えています。

家庭を拡大解釈すると、私たちの世代は老親の介護の問題も避けては通れません。

私の母はいま、札幌の自宅でひとり暮らしをしています。たまに東京に出てくると、一緒にご飯を食べたりします。東京に来るとき、母はお客さま状態で気が張っています。だから、できるだけ普段の生活を見に、私が札幌へ行くようにしています。

いまのところ、元気に生活してくれています。ただ、3年前に70歳で大学教員を退官した後、刺激が少なくなったこともあって、少し反応が鈍くなったなと気づく瞬間がありました。小さな病気も何度かしています。出張や長期の休みの際には必ず実家へ様子を見に行くようにしており、見に行くことも含めて、老親のケアにも時間を振り向けています。

仕事と家庭がトレードオフの関係になると、仕事を辞めるか家庭に支障をきたすかという状態になります。しかし、それでは進歩がありません。

私はいま、家庭を優先しています。だからといって、仕事をオフにしているわけではありません。兼業です。

もう一つ付け加えるならば、いまは優先順位が最下位になっている自分の時間も確保したいと願っています。もっと自分らしく生きたいという衝動は、誰にでもあるものです。

その衝動が、子育てが始まったからといって全否定されるものでもないと思っています。

子育て中、思うように仕事ができないことで、自分を責めそうになりますが、なんとか思いとどまっています。**いまは、できない。けれど、できることもある**。そう考えて、いまの生活を楽しみながら乗り切ろうとしています。

そして、子育てが楽になったら、仕事を増やしていきたい。それが、誰にとっても可能な社会であってほしいと思います。

もちろん、そのときに、私がどんな仕事をしているかわかりませんが。

あのとき母は仕事をしていた

幼い頃よくあったイベントに、「兄弟だけで親戚の家に泊まりにいく」というものがありました。

とても楽しみなイベントで、よい思い出として残っています。しかし、どうやらこのイベントの背景には、母の仕事の都合があったようなのです。母の仕事は、大学の教員です。のちに母の友人から聞いた話ですが、母は、私と弟が親戚の家に泊まりがけで遊びに行っている間に、集中して論文を仕上げていたのです。

子育てをしていると、自分だけの世界に没入する時間をつくることは難しくなります。しかし、原稿を書いたり論文を書いたりするときには、どうしてもその時間が必要です。私も子どもが生まれてからの1年間、集中する時間がとれないことを理由に諦めざるを得なかった長文の原稿執筆が何本もありました。場合によっては、出張先で、その時間をつくりました。

母は論文執筆や自身の勉強の時間を、親戚の協力を得ることで子どもにとっても楽しい時間に変えながら捻出していたのです。

札幌郊外のルスツ高原に一日遊び放題の遊園地があります。母に何度か連れて行ってもらいました。ここへ遊びに行くと母は、私と弟に一日券を渡し、自分は喫茶店や木陰の下で待っていました。このときの、洋書を読んでいる母の姿をよく覚えています。

いま思えば、仕事に追われていたのでしょう。端から見れば、木陰で洋書を読む優雅な女性ですが、当の本人は本当に忙しかったのだと思います。休日に子どもがいる家で机に向かうことは難しかったのでしょう。

「遊園地に連れていけ」という私たち兄弟のニーズに応えつつ、仕事も進めなければならなかったのだと思います。仕事と育児を両立させるための、母なりの工夫だったのでしょう。

私は、11歳のときに父を亡くし、ひとり親家庭で育ちました。父は亡くなる前の数年間、病気療養をしていましたので、その間も母は外で働きつつ私たち兄弟を育てました。父が亡くなってからは、仕事をしながら、文字どおりひとりで仕事と子育ての両立をしてきたわけです。

いまみたいにインターネットもない時代。大学教員という比較的自由に時間を使える仕事とはいえ、どのようにやりくりをしていたのか不思議です。

たしかに、母はよく自室で夜中まで仕事をしていました。たぶん論文を書いていたのでしょう。朝になると、速達で送るために郵便局へ車を走らせていたことを覚えています。

私も弟も、ひとり親家庭に育ったことによる不便を感じたことはありませんでした。

もともと非常勤で働いていた母でしたが、父が亡くなった後、私が中学生になった頃には本格的に就職しました。贅沢をした覚えはありませんが、お金の面で引け目を感じたことはなかったし、生活の中で寂しさを感じたことも、ほとんどありませんでした。

いま思えば、同居していた祖母の助けを借りながら、母が随所で工夫してくれていたのでしょう。尊敬するとともに、感謝しています。

母が母校の同窓会報に、子育てについて寄稿していました。

当時流行っていたこともあって、私は子どものころからプロレスが大好きでした。しかし、母はそれをよく思っていなかったらしいのです。女性の多い家庭で育った母は、プロレスにはまったく興味を持てなかったそうです。それどころか、暴力的で、子どもには見せたくないとも思っていたといいます。

プロレスは見せないという教育方針をとろうともしました。ところが、結局のところ、私が勝手にいろいろと調べだし、夜中にこっそりプロレスを見るようになったという話でした。子どもが興味を持ってしまったら、もう何を言ってもダメなんだと観念し、子どもの興味に任せる方向へ、教育方針の舵切りをしたというのです。

結局、大学に入ってまで一橋大学世界プロレスリング同盟に所属し、今ではプロレスラーと対談するのですから、母の判断は正しかったと言わざるを得ません。

子どもの興味に任せるという教育方針は、私も受け継いでいます。また小さいですが、娘がなにに興味を持つか、注意深く見ています。アップルTVやユーチューブの動画も、本人が興味をもったものは見せるようにしています。**興味を遮《さえぎ》らないことで引き出しを増やし、そこから自分で選択していけばいい**のだと思っているのです。

母はその後も仕事を続け、２０１６年に70歳で大学の教授を定年退官しました。頭が下がります。とくに私が同じ仕事を始めてからは、圧倒的な実力の違いを肌で感じるようになりました。私自身の大学教員としてのキャリアはまだまだだけれど、一歩ずつ進んでいくしかありません。

もしかしたら、私の、家事・育児と仕事の両立のロールモデルは、母なのかもしれないと思い当たったところです。

そこそこで、働き続けよう

子どもが生まれても共働きがデフォルトである世の中になっています。

実際、第１子出産前後に女性が仕事を続ける割合は上昇しています。一方で、いったん仕事を辞める選択をする人もいるようです。そのときの理由、第一子の妊娠・出産を機に仕事を辞めた理由の第１位は相変わらず「子育てをしながら仕事を続けるのは大変だったから」（52・３％）。

子育てをしながら仕事を続けることが大変にならないような、実用性のある社会システムがまだできていないことは問題です。保育体制のような支援策だけでなく、子育てしながら働き続けられるような働き方をつくることも急務です。

ただ私は「そこそこ」でもいいので、**仕事は続けたほうがいい**と考えます。仕事を辞めても、子育ての大変さは変わらないし、子どもを育てるためにも収入源を確保しておいたほうが家庭のリスク回避のうえでも有効だと思うからです。

そのためには、夫の協力が不可欠だというデータもあります。

「夫の平日の家事・育児時間別にみた妻の出産前後の継続就業割合」というデータがあります。もちろん、時間数の多いほうが継続就業の割合も高くなっています。夫の家事時間が0分の家庭（本当にそんな家庭があるのか疑問ですが）でも、同一就業と転職合わせて55・2％が仕事を続けています。しかし、これが、夫の家事時間が4時間以上の家庭になると、73・3％、7割以上の妻が仕事を続けられるようになっています。

男性が育児休業を取るか取らないかということで言うと、私は、取ったほうがいいという立場です。たしかに、子育てのための育休取得なのか、企業の実績のための育休取得なのかわからない側面もあります。ただ、たとえ企業の取得実績アップのためだったとしても、ぜひ取ってください。これは、権利としてもっと主張すべきだとも思っています。

育休を取り、フルタイムで子育てを体験すると、ビックリすることがたくさんあります。私は育休は取っていませんが、妻と娘が自宅へ帰ってきた時期が大学の夏休みだったので、妻と一緒に24時間赤ちゃんを育てました。

育休が終わったら、その次に、平日の子育てにも参加してください。育休が取れなくても、参加してみてください。毎日は無理でも、早く帰ってこられる日や、在宅勤務が可能な日などにやりくりして、10分でも15分でもかまいません。ふだんの家事・育児の一部を担当してみてください。

全部ひとりでやらなくてもいいのです。家庭も仕事も「そこそこ」で大丈夫です。

私が兼業主夫スタイルのモデルにしている男性がいます。バンダイに勤務していたころの当時の社長、上野和典さんです。上野さんはバンダイ初の新卒生え抜き社長で、家族と過ごす時間を大切にするため、定時退社を貫いたまま社長になったという人です。時間内で仕事を済ませ、休日の付き合いのゴルフもしないスタイルでした。もちろん、若いうちはがむしゃらに働いた時期もあったようですが。

知り合ったころには、「早く帰って子どもと遊ぶからアイデアが浮かぶんだ」とおっしゃっていました。バンダイはオモチャの会社ですから、実際にそうだったのだろうと思います。

料理が好きで、とても上手とのことでした。飲食業のプロ向け商品を扱う日本一の問屋街、かっぱ橋道具街でプロ用包丁を買いそろえ、魚屋さんが使うような竹の籠を持って築地まで買い物に行ったりしていました。ご自宅の近所に厨房を備えた元レストランという物件を購入し、料理を研究したりホームパーティをしたりしていたとも聞いています。常務の時代には、上野さんが考案したレシピが社員食堂で採用されてもいたそうです。

料理を始めたきっかけは、子育てに忙しく休みがない奥さまを少しでも休ませてあげたいと思ったから。私も料理が好きですし、そのスタイルをカッコイイとも思ったので、どこかで踏襲しているところがあります。

上野さんの現役時代といまでは時代も違いますし、上野さんは経営者で、共働きだったわけでもありません。でも、参考にできることはたくさんあります。

バンダイには、上野さんをはじめ、定時に帰る上司や先輩が職場に何人かいました。仕事量は多かったので、たぶん、持ち帰ることもあったとは思います。でも、きっちり定時に帰るというやりくりの方法があることを学びました。

もちろん、「私にもできるし、あなたにもできる」と言うつもりはありません。ただ、日常にヒントはたくさんあると思うのです。できないから辞めるのではなく、**そこそこでいいからできることを細々と続けていく**。

走りながら、自分のできることを見つけて、一つずつ試していくことで、次の一手が見えてくるのだと思っています。

子育て期は「働く」を考えるチャンス

妻が育児休業を終えて職場の同じ部署に戻ったとき、別の部署に移ったような感じがしたと話してくれたことがあります。時代の変化のスピードが速く、８カ月離れているだけで、仕事の内容がまったく変わっていたというのです。

ソフトウェアを販売していた企業がクラウドサービスを展開する企業に変わっているなんていうことは、よくあることです。その中で日々働いていれば対応できることも、１年現場を離れていて戻った人に対応が難しいということは想像に難くありません。

育休明け。子育ても始まったばかり、仕事も新しく学ぶことが多すぎて、自分には無理だと退職の道を選んでしまう人もいると思います。でも、時短勤務や在宅勤務など、さまざまな制度を活用してやりくりしながら、働くことは続けてほしいと思います。

子育てが始まると、仕事のことについて考えざるを得なくなります。

たとえば、単純に考えて、保育園のお迎えの時間が決まっているので、自由な残業はできなくなります。現状の日本の企業社会では、仕事を引き受けるということは、いつなにが起こっても対応できる状態でいることが求められます。もちろん、ひとりではできないので、部署やチームでカバーし合える環境をつくっていると思いますが。

その環境がよければ、一時的に自分自身の稼働率が下がったとしても、子育てをしながら仕事を続けることは可能でしょう。しかし、環境が悪ければ、できない自分を責め、追い詰めてしまうことも考えられます。

「もう無理だ」と感じたら、まず、**「職場」を辞めたいのか、「仕事」を辞めたいのか**考えてみてください。「嫌なら辞めていい」という考え方も、全否定すべきものではないと思います。でも、守るものができたわけです。簡単に職を手放すことを推奨できません。

もちろん、家庭の事情が変わったからといって、働き方を柔軟に変えられる職場ばかりではないでしょう。制度の面だけでなく、職場の人たちの理解という面でも、不愉快な思いをすることがあるかもしれません。個人の責任に帰され、家庭内でのやりくりが求められるかもしれません。

しかし、個人のやりくりにも限界があります。その場合は、ぜひ、「職場のやりくり」を求めてください。「職場のやりくり」の中には、制度内でのやりくりと、制度を超えたやりくりがあります。

制度の中のやりくりは、「有給が何日まで使える」「企業内保育園がある」「柔軟な出社ができる制度がある」「在宅勤務ができる」などというもの。制度を超えたやりくりは、配置転換とはいわないまでも担当の変更や、「あとはやっておくから早く帰っていいよ」という仲間の支援などです。

もし職場に不満がないのなら、ペースダウンしながら働き続けることを勧めます。仕事と職場は分けて考えなければなりません。

働くことに対する思いは、さまざまにあると思います。好きな仕事だから働くという人もいれば、働くこと自体にやりがいや魅力を感じている人もいるでしょう。生活費を得るための手段として時間を売っているという人もいるかもしれません。

自分にとって、働くことの意味はどこにあるのか。自分はなぜこの仕事をしているのか。なぜこの職場にいるのか。どのような働き方をしたいのか。考えてみるよい機会です。

とくに、出産前は「いつなにが起こっても対応できる状態でいる」ことは、仕事についてだけ求められていたことです。ところが、出産後は、子どもについても、仕事と同じくらいかそれ以上に「いつなにが起こっても対応できる状態でいること」が求められます。

このバランスをとりながら働くのですから、子育てをしながら仕事をするのは本当に大変なことです。優先順位は人によって違います。自分はどうするか、日頃から周囲に伝えておくことも大切です。

私の場合は、子育てを優先するために執筆に時間を割けないことはあらかじめ伝えていました。仕事量はグッと減り、焦りもしましたが、「それでも」と待っていただいている原稿もあり、ありがたく思っています。また、しばらくの間、夜の会食のほとんどはお断りしました。いまは少し落ち着いたので、妻とのやりくりで、出かけられるときは出かけています。

妻は8カ月の育休を取得し、元の職場に復帰しました。娘の発熱で保育園に預けられないときなど、時折、在宅勤務の制度を使って、自宅で仕事をしています。

予定日より早く生まれたり、子育てがこんなに時間を使うものだと知らなかったりしたのでうまく回らない時期もありました。しかし、子育てを優先順位の一番に置いて仕事をすることを決めてから、肩の力を抜いて無理なく働けるようになりました。

子育てをしながら働くとき、自分にとって大切なものはなにかを考えておくと、焦って辞めたり、追い詰められたりせずにすむと思います。

ライスワーク、ライクワーク、ライフワーク

ワーク・ライフ・バランスとは、仕事と私生活を両立させるという考え方です。「仕事と生活の調和」と訳され、働くすべての方々が、「仕事」と、育児や介護、趣味や学習、休養、地域活動など「仕事以外の生活」とのバランスをとって、両方を充実させる生き方だと、政府は言っています。

政府が定義する考え方でいうなら、子育てはライフになるのでしょう。しかし、これには異論があります。

2年近く前のめりで家事や育児をして思うことは、家事や育児は、アンペイド・ワーク（お金が支払われない仕事）、立派な「仕事」だということです。保育園の送り迎えは、仕事にひもづけられている。専業主婦の方たちの料理や掃除といった家事は仕事ではないでしょうか。子育てと趣味を同列に「ライフ」と括ってしまうことにも違和感があります。

「家族との時間はかけがえのないものだ。これを仕事と言うな」と叱られそうですが、娘を起こして着替えさせご飯を食べさせることと、ライブハウスでモッシュする（体をぶつけ合ったりする）ことが同じカテゴリーなのも疑問です。

育児に追われ、仕事に追われる生活が、皮肉にもバランスがとれていると言われないようにしなければなりません。美しい言葉に騙されないことが重要です。

家事・育児と仕事の両立という意味で、ワーク・ライフ・バランスを使うと、そこには自分のための時間は入ってきません。この「自分の時間」まで議論が達すれば、両立論も成熟期に入ると思うのですが、まだ、その域には至っていないようです。

子育て期とは、家事・育児という「ライフ」にカテゴライズされたアンペイド・ワークに時間をとられて、本来の仕事（ワーク）とのバランスがとれなくなる、**ワーク・ライフ・バランス不安定期**と言えるのではないでしょうか。

私の仕事だけを見ても、やらざるを得ないアンペイド・ワークに追われてしまい、もっと重要なワークに時間を投じられないというジレンマがあります。

ここで「ワーク」とはなにかを考えてみましょう。

仕事をどう捉えるか考えるときに、

①ライスワーク（経済的報酬のために働くこと）、
②ライクワーク（自己実現のために働くこと）、
③ライフワーク（社会参加のために働くこと）

という3つに分類されます。①は食べていくためにやる仕事、②は好きで働く仕事、③は人生をかけてでもやり遂げたい、やりたい仕事です。

この3つのバランスのとり方は個人個人で違っていいものです。本業はすべてライスワークだと捉えて、残りの時間をすべて趣味のライフに費やしている人。これはこれで、ワーク・ライフ・バランスな生き方ともいえます。ワークはライスワークに徹し、ライフワークやライクワークは副業や趣味で解消するという人もいるでしょう。ライフワーク、ライクワーク、ライスワークの3つすべてを絶妙なバランスでワークの中で成立させている人もいるはずです。

「好きを仕事に」だけが、仕事のあり方ではありません。仕事にやりがいや魅力を感じ、ライフワークとライクワーク、ライスワークが一体となった仕事をしている人は、輝いて見えるかもしれません。でもその姿を見て、好きなことを仕事にしなければいけないと焦る必要はありません。

そのとき考えてほしいのは、「好きなことを仕事にする」のと、「好きなことを仕事につなげる」ことの違いです。「好きなことを仕事にする」のは、突出した才能や特別な能力がない限り、即座に実現することは難しいでしょう。しかし、「好きなことを仕事につなげる」なら、どうでしょうか。仕事の中で少し意識しながら「好きなこと」をするだけで、意外とできそうな気がしませんか。これがライクワークです。いまの仕事とは異なる好きな仕事をいきなり始めるのではなく、**いま自分がしている仕事を工夫して、それをライクワークにつなげる発想**が大切です。

まずはライスワークを確保しましょう。社会の視点から見れば、人口減社会の中でたくさんの人に労働力として貢献してもらわなければなりません。会社の視点から見れば、コンビニエンスストアが24時間営業からの転換を余儀なくされているように、すでに労働力不足が顕在化しています。よりたくさんの人に、多様なやり方で働いてもらわなければ困るわけです。家庭の視点から見ても、給与が伸びないなか、働かざるを得ない。しかも家計のリスク管理の視点でも共働きはマストです。

家事・育児は、私にとって、ライフワークであり、ライクワークでもあります。アンペイド・ワークであり、余暇と同列の「ライフ」ではありません。

大学教員という仕事をしながら、家事も育児もやっている私を見て、「ワーク・ライフ・バランスの充実したしあわせな人」と呼ぶのはやめてください。両方が充実しているわけではなく、ライフがワーク化して、ワーク・ワーク・バランスになっているだけなのです。

一般的には家事・育児はライフに分類されていますが、共働きの子育て世帯にとって、ワーク・ライフ・バランスは、もはや個人に帰属するものではありません。**家事・育児というワークを社会とどうシェアしながらやりくりしていくのか**という視点で、ワーク・ライフ・バランスを考えなければならないでしょう。

家内多能工で子育て期を乗り切る

家事・育児と仕事をバランスよく取り回すためには、妻との情報共有が不可欠です。

我が家ではグーグルカレンダーを使ってお互いの予定を共有しています。グーグルカレンダーは、不規則で流動的な私のスケジュールをストレスなく詳細に共有できるので、便利に使っています。

それだけでなく、リビングの壁には、日本能率協会の大きめの壁掛けカレンダーを貼っています。１０００円程度のものですが、線の引き方やフォントが見やすくて、愛用しています。カレンダーには、確定した仕事のスケジュールや娘の保育園の送迎の可否を書き込んでいます。アプリほど詳細ではないにせよ、いつも目にするところにあるので、会話の糸口にもなるし、その場で家事の分担も決めらます。

スケジュールの変更や、緊急連絡は、ＬＩＮＥを使っています。音声を介さずにやりとりできるので、人の多いところや移動中でも連絡できるので便利です。連絡したことが文字に残ることも重要です。

娘が生まれる前から、ムダがないように、24時間の美しい流れを意識してスケジュールを立ててきました。24時間の中には、自分でコントロールが可能な時間と不可能な時間があります。コントロール可能な時間とは、いつやってもいいもの。コントロール不可能な時間とは、送迎や授業など自分の都合で動かせないものです。

スケジュールを組んだら、時間内に終わらせるにはどうすればいいかを考えます。この料理、このコンロが1つ空いているから、いまのうちにつくって冷凍しておこうとか、この時間で次の料理を仕込んでおこうとか。

大事なことは、優先順位とクオリティです。

コントロール不可能な予定を入れたあとは、育児と家事の予定を書き込み、そこにほかの予定を寄せて、時間が美しく流れるように意識してスケジュールを組んでいきます。

いまは、家事・育児が優先なので、仕事の優先順位を下げています。保育園の送迎をコントロール不可能な予定として書き込むと、仕事の時間は1日8時間になります。これくらいしか働けないのかと、ザラッとしたものを感じることもありますが、前向きに割り切っています。

美しく流れるようにスケジュールを組み、そのとおりに動けば、毎日気持ちよく過ごすことができるはずでした。

ところが、子育ては予想外のことが頻繁に起きるのです。**リスケの嵐です**。とくに娘の病気。その日までに組んだすべての予定をチャラにして、もう一度スケジュールを組み直しです。私か妻のどちらが迎えに行くか、どちらが自宅で一緒に過ごすか、もしくは埼玉の妻の実家に連れていって一日面倒を見てもらうか。

朝、娘が熱を出すと、私と妻の一日の仕事のスケジュールがすべて変わります。

37・5℃問題と呼んでいる、微妙な発熱問題があります。保育園に預けるには0・1℃とはいえ厳格なルールを守らなければなりません。しかし、小さな子どもは熱が高いだけ、ということがよくあります。発熱しているのに元気に遊び回ったりするのです。そうなるとその日は、元気に遊ぶ子どもにつき合う一日になります。ひとりでおとなしく遊んでくれたらいいのにと思ったりしますが、それはまだ難しいことです。

妻が在宅勤務に切り替えて娘と一緒に自宅待機をすることを選択しても、仕事の内容によってはベビーシッターさんに来てもらわないといけない日もあります。

「在宅勤務だったら家庭と両立できる」と、短絡的に考えることはできません。「子どもが熱を出したので在宅勤務」の裏では、環境整備のために涙ぐましい努力があるのです。

怖いのが、妻の病気です。妻に寝込まれると、急なスケジュール変更を各所に連絡してからのワンオペ育児です。インフルエンザなどうつる病気のときは、なおのこと気をつかいます。

病気のときだけではありません。朝、娘が時間どおりにご飯を食べてくれなくて家を出たい時間に出られないことは日常茶飯事です。娘が寝てから仕事をするスケジュールなのに、娘が寝ないとか。もう、「そういうものなんだな」と受け入れるしかないです。

私は長年、24時間が美しく流れるようなスケジュール設計に美学を持っていました。もちろん、いまも持っています。しかし、子育て中は、「美しく実行」のクオリティを下げました。美しく時間が流れるためには、追われている時間を少なくしなければなりません。しかし、子育て中は、娘のご機嫌など、そもそも不確定な要素が多く、いつも追われているような生活です。諦めました。

家事も、**分担ではなく、やりくりのほうがうまく回ります**。あれもこれもを、夫婦で臨機応変に担う、いわば、家内多能工です。

その日一日が、回るか回らないかというレベルでの攻防が続いています。

兼業主夫でいこう

少子高齢化時代の子育ては、兼業主婦と兼業主夫によるやりくりが前提となります。

生産年齢人口における女性の就業率の上昇は著しく、男女雇用機会均等法が施行された

1986年は53・1％だったものが、年々伸び続け2018年には69・9％と過去最高になりました。「女性は家、男性は外」という価値観の人は、私より上の世代ではたまに見かけますが、今後はレア化するでしょう。

平成は、平均給与が下がり続ける時代でした。多少持ち直しているとはいえ、男性ひとりの給料で家庭を支えることは難しくなっています。離婚や死別の可能性もあるわけですから、女性も、働きたいか働きたくないかという選択肢ではなく、働くことは前提になります。

その先に考えなければいけないことは、**働くか働かないかではなく、どう働くか**。働き方の選択なのです。

家庭をもち子どもを授かった夫婦だけでなく、老親を抱えた子世代、病気を抱えながら働く人など、あらゆる人にとって働き方は切実な問題です。「働き方改革」は、本来、それぞれの事情に応じた多様な働き方を選択できる社会の実現を目指しているはずです。長時間労働の是正や副業解禁ばかりに目がいきがちですが、目的は、誰もが仕事と生活の調和をとりながら働くことのできる社会です。

働く人が個々の事情をもっと主張してもいいと思います。

私はいま、子育ての真っ最中で、子育てを優先しています。子どもが生まれる前は、生活の中における妊活の優先順位を高めていました。人生は長いので、ときどきの事情によって優先順位は変わります。現在の私の優先順位は、家庭、大学、執筆です。家庭のなかも優先順位があり、それは細分化されています。

お待たせしている原稿があることはわかっています。「もっと仕事をしろ」という声が聞こえないわけではありません。仕事の質も上げなければなりません。多方面からのプレッシャーもあります。気づけばベテランなので、そろそろ大きな仕事をしなくてはなりません。私に焦りがないと言えばウソになります。でも、私がいま妻と娘に振り向けている時間を仕事に向け出したら、我が家は破綻するだろうと思います。それは最も避けたいことです。

少子高齢化時代の子育ては、ときどきの事情によって優先順位を変えながら、夫婦で「やりくり」する子育てです。家事と育児、仕事の「両立」と言ってしまうと、どちらも高いクオリティを求められるような気がます。しかし「やりくり」だとどうでしょうか。

夫婦だけで手が回らないところは、周囲の人を巻き込んでやりくりしましょう。祖父母のサポートを受けられる家庭ばかりではないと思います。そんなときは、保育園やベビーシッター、ファミリーサポートなどの手を借りましょう。24時間保育やスポット保育、病児保育など、助けてくれる場所をいくつか知っておくと心強いものです。

家事に手が回らないのであれば、多少お金はかかるけれど、食器洗いは食洗機、ワイシャツのアイロンがけはクリーニング店、換気扇の掃除はハウスクリーニングに頼んだっていいと思います。「アイロンがけにはこだわりがある。自分の手でやりたい」というのであれば、優先順位を上げてそのための時間を捻出すればいいわけです。

私が「集中して原稿を書く時間がない」と愚痴るのは、妻をサポートし、娘と過ごす時間の優先順位を上げているからです。

私たちは、さまざまなものを兼務しながら生きています。「仕事と育児の両立」という視点で見るから、「できない」「できる」という答えになるけれど、兼業しているものは「家事」「育児」「仕事」だけではないはずです。

優先順位を考え、兼業の割合を人生の中で行ったり来たりさせながらやりくりしていくのです。子育て期間中は、子どもが最優先でいいと思います。なぜなら、**一番大切なものは、明確に「いのち」**だからです。

熱を出したといえば仕事が終わらなくても駆けつけ、保育園のお迎えの時間があるといって飲み会をキャンセルします。妻の仕事が佳境に差し掛かれば、私が家事の割合を増やしてサポートします。私に泊まりがけの地方出張の仕事が入れば、妻がワンオペで家事と育児を回します。

「両立」とは、両方を完璧にこなすことではありません。「やりくり」の結果、なんとなくうまく両方立っている状態のことを「両立」と言っているのです。「やりくり」とは、「諦め」ではなく、優先順位の入れ替えなのです。

だから、**仕事を辞める必要はないし、子どもを諦める必要もありません**。

自分以外周りの人たちはみんな仕事と育児の両立をうまくやっているように見えても、焦らないでください。誰もが、周囲の人の手を借りたり、お金を多めに出して解決したりしているのです。諦める前に、やりくりで乗り切りましょう。優先すべきことを、自分が大事にしたいものの順で考え、あとは7、8割の出来でやりくりしていきましょう。

兼業主夫、最強。誰もが兼業しながら生きています。

5章

優先順位は、いのちだ！

子育てに潜入取材中

娘が生まれてからというもの、私は慌ただしい毎日を送っています。娘はかわいいし、一緒にいる時間をできるだけ確保したい。がんばっている妻も癒したいと思いながら、毎日を過ごしています。

一方で、娘が生まれる前ほどは働くことができなくて、常にモヤモヤ感を抱きつつ生活していることも事実です。

もっとも、これは私自身がやりたいことでもあるし、「男性の家事・育児」は、働き方評論家、労働社会学者としての実験の場でもあると考えています。やや不謹慎かもしれませんが、いわば、毎日、潜入取材、参与観察をしているような気分なのです。

諸外国に比べて、日本の男性が家事・育児に費やす時間が少ないことは、2章で触れました。6歳未満の子どもを持つ夫の1日当たりの家事・子育て関連の時間を諸外国と比較すると、約2〜3倍の差があります。日本のほうが圧倒的に少ないです。

なぜ日本の男性には、それができないのか。身をもって実験しているところです。まだ2年にも満たない実験ですが、見えてきたことがあります。

まず**「イクメンなんて無理」**です。労働強化に他なりません。うまくいっているふうを装ってはいけません。

気づけばイクメン度もあやしくなってきました。仕事も家庭もスマートになんか回せません。綱渡りのように妻と一緒に日々やりくりしながら、合格点を下げて「まあ、いいか」と妥協の日々です。それでも、娘が元気に過ごせれば合格だと思っています。

実験で驚いたことがあります。子育てを通じて、私自身のことがよくわかるようになったのです。娘の成長とともに、**自分自身の人生をやり直しているような感覚です**。そしてそれは、コンプレックスの解消にもつながっているようなのです。

1歳になる前から保育園に通っているからか、娘は明るく、人懐っこいところがあります。保育園に迎えに行ったとき、1歳にして楽しそうに同級生と友人関係を築いている姿を見て、私は感動しました。同時に、対人関係で苦労した幼い日の私を思いました。私には、同年代の子どもとたちと賑やかに過ごした幼年期の記憶がありません。小学校に上がる前に、1年だけ幼稚園に通いましたが、同世代の人とちゃんと一緒に過ごしたのはそれが初めてでしたし、なかなか馴染めませんでした。そうか、娘がいまいるこの世界を持っていなかったのだな、と気づきました。

少年野球や部活動でも対人関係が苦手でした。別にいじめているわけでも、いじめられているわけでもないけれども、どうしても拭えない疎外感がいつもありました。多くの時間を祖父母と過ごし、同年代の子どもたちの中で揉まれるような経験が少なかったことに気づきました。

娘を通じて、社会のことも、より深く勉強させてもらっています。専門外だとわかりつつ、待機児童問題や少子化対策にも言いたいことが出てきました。制度は、子どもたちにとってどうなのか、将来にとってどうなのか、という視点が生まれ、評論家として論じるテーマに幅が出てきました。

よく「子どもが生まれると丸くなる」と言うけれど、はたしてそうでしょうか。たしかに私は、人に対しては優しくなり、丸くなったかもしれません。でも、社会に対してはより厳しい目を向けるようになりました。こんな国でいいのか、このままで大丈夫なのか、というような。

いま、娘は2歳。ちょうど、見たものすべてをブロックだと思ってしまう時期です。野菜でも、お菓子でも、本でも、なんでもかんでもみんな、積み上げたり崩したりしてしまいます。それなら、しっかり吟味して購入したレゴやブロック、パズルで遊んでほしい。しかし、**教科書どおりには遊んでくれません**。

知的な刺激を与えたいのですが、知育玩具よりもお出かけのほうが好きなようで、いまはとりあえず、時間があればお出かけに連れて行くようにしています。川を見に行ったり、公園へ行ったり、広場や商業施設に連れて行ったり。手を引っ張って歩かせるようなことはせず、近くで見守りながら、娘がなにに興味を持つのか注視しています。

とくに週末は必ず半日、うまくいったら一日中、ふたりで一緒にお出かけしています。乳幼児はほとんど交通費がかからないので、熱海や越後湯沢あたりまで新幹線に乗って遠出することもあります。その間、妻はひとりでゆっくり過ごせます。都心より人が少なく、時間もゆっくり流れているので、私の気晴らしにもなり、一石何鳥にもなります。

娘は熱海がお気に入りです。駅前から続く商店街を喜んで歩いたり、ロープウェイに乗ったり、日帰り温泉に行ったりもしました。海辺の波打ち際で遊ぶことも大好きなので、熱海に限らず海を見に行くことはよくあります。

仕事場にも連れて行っています。授業には連れて行けないけれど、テレビのスタジオに連れて行き、なんと出演まで果たしました。いわゆる、子連れ出勤です。

政府が後押しする「子連れ出勤」には、否定的な声も多く聞かれます。もちろん、保育園の整備を怠ることにつながるなら反対です。「これが子育てのソリューションだ」と言われて戸惑う人も多いでしょう。

ただ、自分の生活に必要ないシステムが、誰かにとって重要だということはあり得ます。

選択肢の一つとして公に提示されたのであれば、都合よく使えばいいと思います。**まずは男性の子連れ出勤を**。そこからなにかが大きく変わるかもしれません。

うちの娘は、かわいい

先日、テーブルの上に餃子を置いて、取り分けるためのお皿を持って戻ってきたら、もう一個ありませんでした。

パッと横を見ると、娘が、テーブルの上に手を伸ばして取ったのであろう餃子を食べていました。

かわいい。

ここはお行儀の悪さを叱るところですが、かわいくて仕方ありません。

うちの娘は、かわいいです。このままテレビタレントとして日本中で人気者になるのではないかと思うほどです。「芸能活動をさせようかな」「『アニー』に出てもらいたい」と子役経験のある若い友人に話したら、全力で否定されてしまいましたが。

それでも習いごとの一つや二つはさせようと思っています。ただ、まだ2歳なのでもう少し大きくなってから。音楽系とスポーツ系、情操教育と体操教育を一つずつさせて、娘が好きなことを見極めたいと思います。

好奇心にフタをしないことが、教育方針の一つです。私が社会に出て感じたことは、好奇心旺盛な人は優秀な人だということです。単純な偏差値エリートにはなってほしくはないけれど、常に好奇心を持って学ぶ姿勢は貫いてほしいと思っています。

もう一つの教育方針は、物怖じしない子、社交的な子に育てたいということです。この裏には、対人関係で苦労した私と同じ経験をさせたくないという思いがあります。それもあって、週末ごとにさまざまな場所へ連れて行き、私の目の届く範囲で、興味の赴くまま歩かせています。

危険なことがない限り、いまの段階では、娘の行動になるべく制限をかけたくないと考えています。悩ましいのはスマートフォン。ユーチューブやアニメ動画を見ることが大好きなので、一緒に見ています。「スマホ子守り」といわれ、賛否両論あるようですが、我が家では、もうすでに世の中にあるものとして、一緒に楽しんでいます。

動画を一緒に見ていると、2歳にして好みがあることが分かります。海外のキッズチャンネルや、奥田民生さんの歌はとても好きなようで、楽しそうに反応しています。パフュームやきゃりーぱみゅぱみゅは、曲によって好みがあるようです。

娘がなにに興味があるか、よく見るようにしています。その姿勢は、母から学んだことでもあります。子どもにいろいろな機会を与え続けて、どれにどのような反応をするのか見ているのは楽しいものです。

娘が20歳になるのは2037年。その頃の日本や世界がどうなっているか、いまの段階ではまったくわかりません。

ただ、視野を広げて見識を深めるためにも、大学には行ってほしいし、大学院に行くというのであれば、行かせてやりたいと思います。

大学どころか、小学生にもなっていないので、まだまだ先の話ですが、その心づもりだけはあるのです。

私の実家は北海道で、しかも母子家庭でしたが、やりたいことはなんでもやらせてもらいました。ただ、私自身に遠慮があり、大学は国立大学に行かないとダメだと思っていた節があります。実際、幼小中は地元の公立、高校も道内の公立校に進み、東京へ出てきたのは国立の一橋大学に入学するためでした。なんでもやらせてもらったと思っていますが、もしかしたら無言のプレッシャーを感じ取っていたのかもしれません。

母が大学教員として働いていたとはいえ、母子家庭の息子が東京に行くときの選択肢として、私立大学はないと思い込んでいました。早稲田大学に興味はあったのですが、私大に進学するのはボンボンのすることだと思っていたんですね。

母子家庭の長男が東京に行くのであれば、せめて国立大学でなければならない。お金の制約は、正直、感じました。浪人はできない。国立大学に行かなくてはならないと思い込んでいたのです。

思い込んでしまうと、人はそのとおりの人生を歩んでしまうのだなと、自らを振り返って感じています。

その話を妻にしたところ「異常だ」と言われて驚きました。「まず世の中、そんなに国公立大学に行っている人はいないのよ」と。たしかにそうですが、そんなことにさえ気づきませんでした。

娘が同じような轍を踏まないために、「選択肢はたくさんある」ということをいまから伝えていきたいと考えています。

例えばお金がかかる美大に行きたいとか、理系の大学に行きたいとか、海外の大学に行きたいとかいうことが、遠慮なく言える子どもに育てたいと思います。それは、私ができなかったという、軽い後悔のような気持ちがあるから。娘には同じ思いをさせたくないと感じているのかもしれません。もちろん、お金が無尽蔵にあるわけではないので、経済的に難しいオファーもあるかもしれない。でも、なんとかします。

親は、子どもが自立するまでの補助輪です。

最後に自分の道を決めるのは娘です。けれど、決めるまでに、選択肢は無限にあり世界は広いということを、一緒に見にいきたいと思うのです。

紋切り型の「父性・母性」はいらない

娘が生まれて、私は父になりました。

しかし、子どもが生まれたという意味で父親になっただけであって、これから少しずつ、本当の意味で父親になっていくのだろうと思っています。

実感したのは、娘が生まれたそのときではなく、保育園のお迎えのとき、私の姿を見つけてキャーキャー言いながら近寄ってくる娘の姿を見たときです。

娘が私を父親と認識している。ああ、私は父親なんだなと実感しました。

私の父は、私が11歳のときに亡くなりました。父は北海道大学の教員をしていましたが、院生時代に脳腫瘍を発症。私が小学校に入るころには、左半身不随で寝たきりのような生活をしていました。

体調のいい日は、母と夫婦げんかもできましたが、調子が悪くなるとおとなしく寝込んでいました。寝込んでいるときの父は、とても優しいお父さんだったことを覚えています。

叱られたり、なにかしろと命令されたりした記憶はありません。

とにかくタバコと珈琲が好きで、選挙番組が好きだったことを覚えています。お酒を飲んでいる姿は見たことがないけれど、気持ちよくタバコと珈琲を嗜《たしな》む人でした。

「父親」と言われて思い浮かぶのは、リハビリをがんばろうとしていた姿や、いつも洋書を読んでいた姿なのです。

私の父も、「昭和の父親」には違いないけれど、いわゆる、家父長制の中心にあった「昭和の父親像」とはかけ離れていたように思います。「父親らしい」とされた父親は、友人宅でちょっと見かけたような気はするのですが、それすら正しい「父親像」だったのかどうか、私にはわかりません。

父親が家庭でどのような振る舞いをするものなのか知らずに育ちました。もっと言うと、夫が家庭でどのように振る舞うものなのかも知らないまま、夫をやっているのです。

見よう見まねの「見よう」の部分を著しく欠いているので、「見まね」すらできません。一つ一つ積み上げて、オリジナルの「父」「夫」になるしかないのです。

そして、それでいいと思っています。

もともと「父性」を知らないから疑いようもないのですが、紋切り型の「父性」については疑いを持っています。

「母性」も同様です。

私の母は、私が生まれたころから働き始めていました。はじめはいくつかの大学で非常勤講師をし、アルバイトで家庭教師や塾の夏期講習の講師もして家計を支えました。家庭では、父を看病しながら、同居する祖父の病院の送り迎えもし、私と弟を育てました。

父が亡くなってからは、母子家庭の大黒柱として、父親がわりも務める母親だったので、『サザエさん』のフネさんのような母親像は、私にはありません。

「父性」「母性」と言われたときに思い浮かぶのは、私の父と母だけです。もともと、父は外で働くべき、母は家庭を守るべきという、「昭和の規範とされるもの」が、私にはピンとこないのです。

もう、どの家庭も、それでいいのではないかと思っています。

私にめざすべき父親像はありませんし、既存の父親像に近づきたいとも思っていません。社会がどんどん変わっていくように、父親のあり方も大きく変わっていくでしょう。

内閣府「女性の活躍推進に関する世論調査（平成26年度）」によれば、「夫は外で働き、妻は家庭を守るべきである」という考え方について、「賛成」と答えた人が44・6％、「反対」と答えた人が49・4％でした。

まだ半分に近い人が、「夫は外で働き、妻は家庭を守るべきである」と考えているのかと暗澹たる気持ちになりますが、すでに2019年の父親像は、昭和の父親像とは大きく変わっているのです。そこに気づかない人がまだいるのか、という感じです。

1979年（昭和54年）の同じ調査では、72・6％が「賛成」だったことを思えば、「夫は外で働き、女性は家庭に入るべき」という言説は、もはや定説とは言えないと言っていいでしょう。

この際、「父性」「母性」という言葉も、手放したほうがいいのではないでしょうか。父母はかくあるべしという枠は、子育て家庭を窮屈にするだけです。どんどん壊していったほうがいいと思います。

「父性」「母性」を「見よう見まね」して、父親像、母親像を無理に演じる必要はないのです。

父になった私がやるべきことは、娘の補助輪として、自立を手伝うことだけです。

そのために、いかに家庭へ時間を振り向けられるかが重要だと思っています。稼ぐことも含めた家事と育児を回していくための時間確保が、喫緊の課題です。

父としての威厳なんて、いりません。

父になり、自分を律することがあるとすれば、無理に父性を身にまとうことではなく、人として後ろ指を指されるような行動をとらないことでしょう。たまにネット炎上はしていますし、生放送で荒ぶったりはしますが。

キュウソネコカミというバンドが『泣くな親父』という歌で「父さんみたいな人と結婚する」と言っていた愛する娘が離れていくことに隠れて泣いている父親の姿を描いています。娘にとって父親って、そういう存在かもしれません。父性を誇示するつもりはまったくないけれど、娘にとって誇れる父親でいたいとは思っているのです。

僕らはロールモデルのない時代を生きている

仕事と育児の両立に関する相談窓口業務を、企業に提供するサービスがあります。両立相談の他に、子育てそのものの相談、育児休業後の復帰相談などについて、社内にアドバイスできる人がいない企業が利用するそうです。

産休・育休を経て働き続ける女性、子育てをしながら働く女性、育休を取得する男性などのロールモデルがいない企業や、子育てをしながら働く男性や女性がすでに社内にいても育休後子育てをしながら管理職として働く女性のロールモデルがいない企業にニーズがあるそうです。

先例のない課題へ対応するために、社外の経験者に話を聞いたり、制度導入のアドバイスを受けたりするサービスです。従来、総務が担っていた業務を、より高い効果をねらって外注する企業が出始めています。

1986年に男女雇用機会均等法が施行されて以降、それまでロールモデルがなかった働く女性が現れ、育児と仕事を両立する女性が現れ、育児と管理職を両立する女性が現れました。**前例のない中でパイオニアとして行動し、権利を行使してきた女性たちがいた**ことを忘れてはならないと思います。育児と仕事の両立を求めたのは、初めは女性たちでした。

その後、育休を取得する男性が現れ、育休を取得する管理職男性が現れるようになりました。常に権利を行使する先人がいたのです。

1991年に育児・介護休業法が制定されてから28年。政府は、2020年の男性の育休取得率13％達成を目指していて、企業の表彰を行ったり、助成金を出したりしながら、男性の育休取得率の向上を促しています。しかし、男性の育休取得率は上昇傾向にあるものの、現状の取得率は5・14％と低水準です。

男性の育休取得率が伸びない背景には、「パタハラ」が存在しているとも言われています。パタハラとは、パタニティ・ハラスメントのことで、妊娠した女性や子育て中の女性への嫌がらせであるマタニティ・ハラスメント（マタハラ）がいまだにあるように、男性社員が育児のための時短や育休を取得することを妨げるハラスメントのことです。主に職場の上司によって行われるといいます。

一方で、２０１８年９月から積水ハウスが男性社員に１カ月以上の育休取得を義務づけ、19年５月からは三菱ＵＦＪ銀行が２歳未満の子どもを持つすべての男性行員に、約１カ月の育休の取得を義務づけました。義務にすることで、男性の育休取得の達成率を上げたいのでしょう。

義務化されないまでも、育休を取得できる環境にある男性には、ぜひ取得してもらいたいと思います。育休中に24時間子育てをすることで、その大変さと楽しさと喜びを実感してほしいと思います。

同時に、女性にもわかってもらいたいのです。男性が、育休を取得したり、時短勤務を申請したりすることが、まだまだ難しい社会なのだということを。

社内にロールモデルや理解者がいない場合、パイオニアとして行動するのは、とても労力のいることです。**イクメンでいるのも大変なことなのです**。

育休は、制度上は男性の取得が可能です。政府も後押ししているし、大企業やメガバンクは義務化も進めています。法による義務化の動きもあります。しかし、95％の男性は、取得していない、取得できていない制度なのです。

制度が整っているとはいえ、人間が運用することなのですから、常に新しい課題が発生します。課題のチューニングは、ずっとやり続けなければならないのです。施行から30年近く経ってもなお5・14%しか利用できない制度の問題が、育休を取得しない個々の男性にあると考えることが正しいのでしょうか。

私たちは、いま、ロールモデルのない時代を生きています。

女性が男性を責めるのではなく、いま互いにできる最善を持ち寄って、やりくりしながら、次世代の子育て家庭のモデルをつくっていきましょう。

それができないと、意識高い系育休取得イクメン以外の男性は、働きながら子育てすることが叶わなくなってしまいます。意識高い系育休取得イクメンの子育てをデフォルトで求められれば、少子化に歯止めなんかかかりません。

ストレスで体調を崩したり、別居や離婚の引き金になるような仕事と育児の両立なら、やらないほうがましだとすら思うのです。

いま、奮闘している男性にも疲れが見え始めています。男性が家事・育児に参加していない前提で「もっとやれ！」というのではなく、働きながら家事・育児をすることが男性には難しい社会だという視点に立って、課題解決に向けて動き始めなければなりません。

もしかしたら、男性の育休取得率を上げることが、現在子育て中の家庭にとって最善のことではないのかもしれません。

課題はもう次のところにあります。

課題が解決しないからといって、子育て家庭の日常に待ったはありません。子どもが生まれた瞬間から、子育てレースは止まることなく続いていきます。

大切なことは、家族や社会で子どもを育てていくことです。育休取得率を上げることではありません。

父親の中にイクメンを増やすのではなく、**父親になった男性は全員イクメンだ**という時代にしていかなければなりません。

「虐待は許さない」の先を考える

娘が生まれて、社会の見え方がちょっとだけ変わりました。

まず、**無知は罪だ**と思うようになりました。働き方評論家として、労働社会学者として、社会の動向には人一倍アンテナを張っているつもりでした。それなのに、実際は知らないことばかりだったと猛反省しました。

報道される児童虐待の事件にも、とても胸が痛みました。虐待自体は、まったく許せないことですが、なぜ事件が起こってしまったのかという、事件の背景に目をつむっていたことに気がつきました。

そして沸き上がってきたのは、よく知りもせず新聞の社会面を読んでいたときの「許せない」という感覚とはまた別の、「許せない。けれど、こういうことは起こってしまうよね」という気持ちです。

子育て自体が大変だったり、夫婦関係がうまくいっていなかったり、仕事で追い詰められていたり、お金や時間がなかったり。そんなことが、背景にあったのではないかとおもんぱかるようになりました。

なぜなら、「なぜ」がわからなければ、子どもが犠牲になる事件は今後も繰り返されるだろうと感じたからです。

もちろん、小さな子どもが犠牲になることは、許せないことです。しかし、起きるべくして起きたのではないか。防ぎ方が機能していないのではないか。いま、日本の社会は、こんなことが起きてしまう状況にあるのではないか。そこに思いが至るようになりました。

「ひどい」「許せない」で終わらせることなく、**「なぜ」について冷静にありたい**と思うようになりました。

『裸足で逃げる』（太田出版）という本があります。琉球大学教授の上間陽子さんが、過去に暴力を受けた経験をもつ沖縄の女性たちの話を丁寧に聞き取って記録したノンフィクションです。

シングルマザー、ＤＶ、妊娠、中絶、離婚、レイプ、援助交際、キャバクラなどの言葉がひたすら並び、読んでいるだけでもつらくなります。正直なところ、小説だと思いたかったというのが、率直な感想です。

出産後すぐ離婚して、キャバクラで働きながら子どもを育てる女性の話は、同時代に子育てをする者として、私の生活からまったく切り離して考えるということはできなくなっていました。これもまた、私の生活と地続きの、日本社会の現実なのだと実感しています。

千葉県野田市で小学4年生の女の子が虐待死した事件がありました。子どもがＳＯＳを出していたのに、なぜ救えなかったのか。児童相談所の対応を非難する声も聞かれました。また、この事件の背景には、夫から妻へのＤＶがあったことも報道されています。弱い者への暴力を続けた父親の行動に同情すべき点はありません。しかし、どこでも起こりうる事件だとも思うのです。

埼玉県桶川市で1歳の男の子がネグレクトの末、衰弱死した事件は、両親が「出会い系サイトに夢中で育児がおそろかになっていた」「ゲームに課金しすぎてミルクが買えなくなった」と言ったと報道されました。いかにも批判を浴びそうな言葉ですが、マスコミで報道されるこの言葉だけが真実だと捉えて責め立てることには異論があります。

子どもの虐待死を防ぐ社会のシステムがうまく稼働しなかったのはなぜなのか。

実際、心中以外で虐待死する子どもは、毎年50人前後います。加害者のうち実母の割合は55・6％。なんと半数以上が、実の母親に殺されているのです。注目すべきは、4割の事例で家庭における地域社会との接触状況がほとんどなかったという点です。

ここに解決へのヒントはないでしょうか。甘いかもしれませんが、社会の誰かが一言声をかけるだけで、事態は違ったのではないかとも思うのです。

目黒で5歳の女の子が虐待死した事件もしかりです。目黒事件の後、ツイッターでは「#児童虐待問題に取り組まない議員を私は支持しません」のムーブメントが起きました。

事件がなぜ起こったのかについて検証を待ちつつ、私も社会の一員としてできることをしなければならないと思いました。私にできることは、雑誌や新聞やウェブで発信すること、政治家に直接伝えること。そして、娘をしっかり育てることだろうと思うのです。

性暴力、セクハラ、パワハラ、育児放棄、孤独死、孤立死……。事件として私たちの目に触れるものの後ろには、その何十倍もの潜在層が存在しています。自殺する人を減らすには、予備軍まで含めて対策を講じないと意味がないのと同じです。そこに目を向けなければ、終わりはありません。

児童虐待に発展してはいないけれど、イライラして子どもに手を上げそうになった経験は、誰にでも一度くらいあるのではないでしょうか。そこに気がつくだけで、社会はとてもやさしくなるように思います。

事件の報道を目にして、「けしからん！」と言いたくなる気持ちは分かります。私も同じ気持ちです。しかし、**もう一歩、その奥を考えてみたい**。なぜ事件が起きてしまったのか。止める手立てはなかったのか。そう冷静に考えることが、解決に向けた仕組みを見出すことにつながるかもしれません。

子どもは、誰が育てるのか？

『キッズファイヤー・ドットコム』（講談社）という本があります。

海猫沢めろん作の小説で、「週刊ヤングマガジン」で漫画化もされた人気作です。お話は、ホスト×子育て。ホストクラブの店長・白鳥神威《かむい》が、置き去りにされた見ず知らずの赤ちゃんを、クラウドファンディングで募ったお金で育てる話です。荒唐無稽なようで、「子どもは誰が育てるのか？」問題に一石を投じています。

設定だけ聞くとひどい話に思えます。しかし、ホストたちは本気です。「クラウドファンディング育児」は、名もない世論の集中砲火を浴びますが、実際に赤ちゃんは育っていく。育てているのは、ホストと、クラウドファンディングで寄附をした人たちです。

子育ての問題は、すべて現場で起きている。あり得ないようで、新しい時代の子育てを提示されたように感じ、私は、クラウドファンディング育児を否定できませんでした。

もともと赤ちゃんポストや里親、養子縁組に関しても、条件つきではありますが肯定派です。必ずしも生みの親に育てられることが、子どものしあわせの絶対条件になるわけではないとも考えています。

子育てで優先すべきは、子どものいのちを守ること。そして、安全で適切な環境で育てることです。大切なのは子どもの安全で、血縁がマストではないとも考えています。

極論なので、実装するにはさまざまな検討が必要ですが、今後、子育ての合理化論争のような議論が起こるのではないかとも感じています。

それほど時代は変化しています。

例えば衣食住。衣は、オートクチュールからプレタポルテを経て、いまやファストファッションが当たり前です。食も、加熱するだけで食べることができるクックフリーズの時代になりました。住については、先祖代々の土地を離れることが許されなかった時代は過去のものとなり、いまや一軒家を複数の他人同士で「シェア」して暮らす人まで出てきています。

子育てにおいて、なんらかの転換があってもおかしくない時代だと思います。

私にとって、娘が通い始めた保育園は、未知の世界でした。

我が家は共働きなので、妻の育児休業が終わる少し前から娘は保育園へ通っています。幼稚園で育った私にとって保育園はまったく馴染みのないものでした。しかしいまでは、娘が集団の中で揉まれながら成長する姿を「いいな」と思いながら見ています。

ときどき、保育士さんが、保育園での生活の様子を写真に撮って見せてくれます。その中の一枚に、子どもが数人集まって談笑しているような写真がありました。娘が、保育園の生活にすっかり馴染み、子ども同士の社会の中で居場所を獲得している様子が垣間見られました。

一枚の写真ですが、私が与えられない経験を、たくさんさせてもらっているのだなと感慨深いものがありました。

娘と暮らすことは大変だけれども楽しいことです。私は娘がある程度の年齢になるまで、妻とやりくりしながら、子育てを楽しみたいと考えています。けれども、**すべての人が同じようにあるべきだとは思いません。**母親が育てるべきだとも思いません。

社会で活躍する女性が増えたことで、母親が単身赴任をしている家庭もあります。留守宅には父親と子どもたち。ワンオペ育児と言われて大変さが強調されもしますが、新しい家族の形だとも思うのです。

子どもをどこで誰が育てるのか。柔軟に選択肢を広げることで、子育ての袋小路から抜け出せる親子もいるのではないでしょうか。

もし、なんらかの理由で子どもをうまく育てられない親がいたら、社会が手を差し伸べて、少しずつ親代わりを担えればいいと思います。親も少し休めるし、子どももよりよい環境で育つことができるかもしれません。物心がついたら子ども自身が選べる社会であってほしいとも思います。

もちろん、実際は、そんなにうまくいく話ばかりでないでしょう。ただ、社会の一員として、手を差し伸べる心づもりはしておきたいと思っています。

娘の保育園の送迎時、保育士さんから指摘されて初めて、娘のケガに気づくことが何度かありました。気づかない私はダメな父親だと自分を責めたりもするのですが、周囲に気づいてくれる大人がいることは、本当にありがたいことだと感じています。

さすがプロだなと思います。

子どものちょっとした変化を、児童相談所や保育園、幼稚園でふだんから子どもに接している大人は見逃しません。私が気づくかどうかはさておき、子どもに関わるすべての大人が、子どものシグナルを見落とさないような社会になれば、少しは子育てがしやすくなるのではないでしょうか。もちろん、監視ではなく。

『キッズファイヤー・ドットコム』のクラウドファンディング育児は、社会が他人の子育てにどうかかわっていくのかという問題提起をしました。

子育ては現実です。**美しい理想論が子どもを育てるわけではありません。**「社会で子どもを育てる」の実現は、子育てに手を貸す大人がどれだけ増えるかにかかっています。

僕らは未来を育てている

子育ては模索の毎日です。

大学の教員なので教育者なのですが、乳幼児教育の専門家ではありません。大学教育と家庭教育はまったく違うものです。

子育てについては、まったくの素人。それでもこの子をちゃんと育てなければいけないという親としての責任は感じています。

子どもを育てるということは、未来を育てることと同義です。どんな未来が待っているかわかりません。娘には、自分の意見や考えを持った自立した大人に育ってほしいという希望を持っていますが、そのとおり育つかどうかはわかりません。

私が発行している無料メルマガに、2歳の男の子を育てる女性から、進学についてのお悩み相談が寄せられたことがあります。「早すぎるだろう」と突っ込みたくもなりますが、じつは私も日々、考えています。

幼稚園から白百合に入れたい！　とか、慶應幼稚舎に入学させるぞ！　と意気込んでいるわけではありません。けれど、本人が望む限りの高い水準の教育は受けさせたいと思っています。もちろん、お金の相談は必須ですが、お金を理由に諦めさせることがないように、がんばって働きます。

また、少し寂しいですが、高校で娘に出て行ってもらおうかとも思っています。札幌の私の母校に通わせてもおもしろいと思ったりしています。札幌には母が住んでいる実家があり、そこから通うことができるなと妄想しています。あるいは、海外留学させてみてもいいと思っています。

そうは言っても、先のことはわかりません。時代は変わります。

娘が大人になるころの日本がどういう形をしているのか、いま、私にはまったく見えません。ただ、私の父母も私も、大学の教員をなりわいとしているだけに、大学には行ってもらいたいと考えています。

海外でもどこでもいいから、行きたいところではなく、行くべきところへ行ってもらいたいのです。それは、大学の可能性を信じているからです。

「行きたいところ」という選択は、目の前にある選択肢からのみ選んでいる印象です。しかし、「行くべきところ」は、より広い情報の中から選んでの進学を意味します。

最後に決めるのは娘の意志ですが、**幅広い選択肢は、親が提示しなければいけない**と考えています。

振り返ってみると、私自身は、国立大学で社会学を学ぶなら一橋大学しかないと決め込んで、そこで思考停止をしてしまいました。結果的に希望どおりの進学ができたのですが、よくよく見渡してみると、社会学を学べる大学はほかにもたくさんありました。文学部に社会学科がある大学もあれば、経済学部や経営学部で社会学に近いことを学べる大学もありました。高校生の進路選択の時期に、もっと先生や親と深く話していれば選択の幅が広がったのだろうと、軽い後悔があります。

高校の進路選択時に、10代の女子が世界を俯瞰した情報を得られるわけではないでしょう。だからこそ、お膳立てではない情報提供が重要だと思うのです。その情報は、紙やウェブではありません。行って感じてみることが大事だと伝えるつもりです。

娘が学びたいと思ったとき適切な学びを得られる場所を与えたい。その機会は提供したいと思います。

もちろん、娘が決めるなら、それでいい。私も進路に関することはすべて自分で決めてきました。だからこそ、自分の力で選んで決めて進んでいける大人になってほしいなと願っています。

紆余曲折あって、私はいま、大学の教員をしていますが、新卒から15年間は、民間企業にサラリーマンとして勤めていました。もちろん、その選択に誇りを持っていますし、あの15年がなければ、いまの仕事にたどり着いていなかっただろうという気もしています。

真っ直ぐ進路を決めて突き進んできた人たちとは明らかに違う道を歩んできました。流れ流れで、なんとかいまも仕事に恵まれていますが、こういう道を歩んでしまったが故に、私は娘に「いい大学に入っていい会社に入りなさい」とは言えなくなってしまいました。

娘の気質を見ていると、自由人すぎるところがあります。おもしろいし、なによりかわいいから、普通の会社員にはならないような気もしています。

夢は膨らみますが、すべて妄想です。

結局のところ、娘に期待することは、**自分で考えて行動する大人に育ってほしい**ということだけです。あとは、おもしろい人になることでしょうか。

おもしろいものをおもしろいと感じる感性と、なぜおもしろいのかを掘り下げる知性を身につけてほしい。そして、「おもしろい」がどのように生まれるのかを、しっかり見てもらいたいと思うのです。

「本質」という言葉は、時に精神論になるので安易には使いたくありません。でもやはり、ものごとの本質を見極める力はつけてほしいと願っています。

しあわせな子どもを育てよう

日本はいま、8年連続で人口減少が続いています。

国立社会保障・人口問題研究所の発表では、2030年にはすべての都道府県で人口が減少し、2045年までに日本の総人口は約1億642万人になる予想です。

私たちは、少子化=人口減社会において、働きながら子どもを育てるロールモデルのない時代を生きています。

「育児に参加しない」と、男性を仮想敵にしているうちはまだ平和です。少子高齢化の人口減社会では、生産年齢人口が大きく減ります。時代は採用氷河期です。現に、コンビニエンスストアが24時間営業を見直すなど、人手不足は深刻化しています。2019年4月には外国人労働者の受け入れを拡大する改正出入国管理法が施行され、政府は労働力不足を外国人の手を借りて埋めていくことを決めました。

女性活躍推進法ができ、働き方改革が進められていますが、その先に、家事と子育ての問題が置き去りになっています。

家事と子育てについて、これまで過度に女性に頼りすぎた側面があることは否めません。男性も、女性の仮想敵になりながらがんばってはいるけれど、社会の仕組みと実装に問題があり、家事・育児の戦力として十分機能していないことは事実でしょう。

家事と育児には、物理的な時間が必要です。その時間を保障する、職場や社会の理解と協力が不可欠です。

政府は、子ども・子育て支援新制度を柱として、さまざまな施策を行っています。そのために消費税率引き上げによる増収分を、子育て支援に振り向けるとも言っています。2019年10月からは、幼児教育・保育の無償化の全面実施も決まりましたし、保育士の賃金も引き上げられました。あらゆる対策を打ちながらも、少子化に歯止めはかかりません。

その事実を受け止めながら、この時代に、私たちは互いに協力しあいながら子どもを育てていかなくてはならないのです。

子育ての哲学として、一つだけ考えていることがあります。

それは、**しあわせな子どもを育てる**ということ。

この子がしあわせになると世の中がよくなるという、根拠のない自信があります。娘には、私自身にある根の暗さがありません。たぶん、乳幼児期の子どもは、どの子どもも同じだと思います。

しあわせな子どもを、しあわせなまま育てたい。そこを基点に、社会システムを考えたいと思います。

労働人口が減少し続ける中で、企業も子育て支援をしないと人材を確保できない時代になっています。政府も子育てに国家予算をどんどん注ぎ込むべきだし、家庭になにかあったとき、子どもが放り出されない社会を早急に構築する必要があります。

これまで、子育てを家庭だけに任せすぎてきました。課題を抱える家庭の背景には、必ず社会の問題があります。なんでも自己責任で済ませる社会では、安心して子育てはできません。

生きていると、いろいろなことが起きます。失業したり、病気になったり、災害に巻き込まれたり。そんなとき、子どもだけでも守ってくれると思える社会であれば、子育て中の親は、ギリギリまでがんばらなくていいのかもしれません。大人が安心できない社会で、しあわせな子どもを育てることは難しいと思います。その難しいことを、子育て家庭はやっているのです。

一番弱い立場にいるのは、子どもです。そして、これから未来を一番長く生きるのも、基本的には子どものはずです。子どもを育てることは、未来を育てることです。その未来が、しあわせであることは、じつはとても重要なことなのではないでしょうか。

牧歌的にすぎるかもしれませんが、みんなでしあわせな子どもを育てる社会にしたいと思うのです。

しあわせな子どもを育てるために、父親ができることの一つに料理があります。どんな料理でもかまいません。お父さんが、家族のために一品つくってみてください。一食担当すると、もっといい。手の込んだものや時間をかけたものでなくてかまいません。

ＩＳＳＰ（国際社会調査プログラム）が、既婚女性に、夫との料理の分担についてたずねた調査があります。それによれば、日本の共働き夫婦の妻の回答は、94・9％が「自分のほうがする」という答えでした。「夫が対等以上やる」と答えた人はわずか５％。スウェーデンとノルウェーでは、夫の半分が妻と対等以上の割合で料理をしていると答え、アメリカでは、妻との料理分担率が半分を超える夫が4割もいるという結果が出ました。

欧米の男性のほうが料理をしている、と言いたいのではありません。アメリカの家庭料理を想像してみてください。案外、できそうな気がします。煮込んだだけ、冷凍食品を温めただけでも「料理をする」と言っていいと言いたいのです。

子育ては未来永劫続くわけではありません。子育てをする同志の皆さん。合格点を下げ、あらゆるやりくりをしながら、いまを楽しんでまいりましょう。

未来は素晴らしいに決まっている。そう信じて、上は向かなくていいので、前に進みましょう。

特別対談

43歳で父になった大学教員
常見陽平（働き方評論家）

×

37歳で父になった漫画家
宮川サトシ（漫画家）

育児のモヤモヤを語りつくす!!

家庭と地域と保育園に愛されたい

常見陽平（以下、常見）　うちは娘が2歳になったところなので、宮川さんのマンガ『そのオムツ、俺が換えます』はすごく参考になります。

宮川サトシ（以下、宮川）　ありがとうございます。うちの娘は4歳になりました。日々の情報が更新されていくので、2歳のときどうしていたか、もうどんどん忘れていきます。

常見　そうですよね。2年前は僕も、お湯の温度を調整しながらミルクをつくっていたはずなのですが、もう細かいことは忘れていますね。

宮川　むしろ、今の娘と向き合っているこの時間が楽しいから、楽しいことで上書きされて、なにも覚えていない。そのうち娘も離れていくのかもしれないけれど、この時間はなににも代え難いので記録としてマンガに描いているところがあります。

常見　宮川先生のマンガは男の気持ちを代弁していてすごく共感します。世の中では子育てをしている男性はみんな「イクメン」とくくられるけれど、ちょっと違和感があるんですよね。男の育児って、このマンガのとおりなんです。育児ポイントカードとかね。

宮川　おしりを拭くウェットティッシュの枚数を極力減らすとか（笑）。

常見　そうそう。こういう地道な努力を男もしているんだっていうことをちゃんと伝えたいんですよね。

宮川　そうですね。僕は、保育園の廊下に貼ってある子どもたちの写真を〝ちゃんと見てる〟というアピールをしたりします。保育士さんたちに、子どもの成長に関心があるということをわかってほしいんです。

常見　僕がお迎えに行くと「愛ちゃんパパだ！」といって子どもたちが寄ってきてくれるんですよね。そのときにアンパンマンのど

んぶりトリオの歌を歌うと、すごくウケるんですよ。そこで子どもに懐かれる親アピールをしています。

宮川　メチャクチャわかります！

常見　我々、市井のパパは、妻や子どもや保育士さんやママさんたちにいかにウケるか、認めてもらえるかということを日々考えているというのは、大事な視点だと思うんです。

宮川　大事ですね。

常見　世の中をこう変えていきたいという話も大事なんだけど、それより、家庭と地域と保育園の人たちにどう愛されるか、認められるかということのほうが大事なんじゃないかと思います。

宮川　そうですよね。僕は、保育園の送迎は、自分が持っている一番高い服で行くと決めているんです。絵本も全力で読みますし。

父性をアップグレードしているところ

宮川　僕のマンガはウェブで読めるのですが、発表したときに「これ、うちのことじゃん！」という意見がすごくたくさん寄せられたんです。だから、どのお父さんも、みんな言わないだけで思っていたんだなと思いました。

常見　そうなんですよね。世の中の育児本って、意識高い系育児本ばっかりだと思うんですよね。「男が変わらなければ」とか「社会を変えなければ」みたいな感じで、「そうできないおまえはダメだ」と叱られている気がしてしまうんですよね。

宮川　わかります（笑）。

常見　男性の育児休暇義務化についての動きが公表されましたけれど、僕たち、父親として、育児休暇がとれなくても育児やってるし、忙しいなりにそれを楽しもうとしているんだということを言いたいですよね。

宮川　僕の父は僕が小学5年生のときに亡くなったんですけれど、ものごころついた頃から半身不随で、後年は寝たきりだったんですね。だから僕にははっきりとした父親像がなくて、いつも「父親ってなんだろう」って考えているんです。

宮川　僕は三人兄弟の末っ子だということもあって、父はどちらかというとおじいちゃんという印象があるんです。僕が欲しいと思っているオモチャとちょっと違うものをくれるような。ちょっと残念な気持ちが残るというか。だから、今、僕は娘のオモチャにすごく詳しいです。自分が父親に求めていたものを補いながら、娘に接している感じ。父親像みたいなものは、自分を通してアップグレードされていけばいいと思っています。

常見　模索中ですよね。あわよくば、妻や子どもや周りの人に認められたらいいなという思いはありますけれど。

宮川　僕がマンガを描いている一番大きな理由は、大きくなった娘に読ませたいからです。娘を育てていた記録を残したかったんです。娘が子育てするときに役に立ててもらいたい。『母を亡くした時、僕は遺骨を食べたいと思った。』も、娘に、死を受け入れることについて伝えたいと思って描いたようなところがあります。

常見　宮川さんのマンガは、男が言いたくても言えない本音を軽妙なタッチで描いてくれるんですよね。

宮川　僕にすれば、「みんな、なんで言わないんだろう」という感じです。

待つ育児・教えない教育

宮川　娘が友だちと喧嘩したときに親としてどう接するかというと、僕は娘が自分の言葉で話し出すまでとことん待とうと思っているんです。自分の言葉で表現しないと解決しないと思っていて。時間をとことん使ってやるいと思っていて。時間をとことん使ってやる父親になろうとは思っているんです。僕はわりと〝気持ちがヒマ〟なので、待ってあげることは苦じゃないんですね。自分の言葉で話し出すまで、のんびり待ってあげるようにしています。

常見　待つってすごく大事ですよね。うちは母も大学教員だったのですけど、よく「教えない教育を大事にしなさい」と言われます。僕は、成果をすぐ求めようとして、ついつい「こうやったらいいよ」「ああしたらうまくいくよ」と教えてしまいます。待っているつもりなんだけど、結構、動かしてしまうところがあって。それは子どもを幸せにしているようで、長期的に見ればそうではないのかなという反省はあります。

宮川　自分の中にあるモヤモヤしたものを出せる人と出せない人がいると思うんです。娘には、そのモヤモヤを放出できる人になってもらいたいとは思っていて。

常見　宮台真司さんと東浩紀さんの共著で『父として考える』（NHK出版）という子育て本があります。そこで語られているのは、子どもができたことで初めて見えた日本社会の問題点なんですね。たしかに、僕も娘が生まれてから、見えなかったものが見えるようになりました。

宮川　分かります。僕は子どもが生まれてから、臆病になりました。娘が生まれた日の夜、病院から徒歩で帰ったんですけれど、そのときに後ろから走ってきたランナーにドンッとぶつかられたんですね。そのとき瞬時に「刺された！」と思いました。

僕は一度、白血病で死にかけているし、僕が漫画家になる前に母親も死んでしまったので、それなりに幸せに暮らしているけど大きな希望もない。いつ死んでもいいやくらいに思っていたんです。でも、「刺された！」と思った瞬間に、自分が「死にたくない」と強く思っていることに気がつきました。

今も人混みは怖いし、電車のホームに立つときも気をつけています。それは、娘に会えなくなることに対する恐怖があるからです。僕は母親を亡くしたときにものすごく凹んだので、その気持ちを味わわせるのも嫌だという思いもあります。娘の行く末も見たいですし。

だから、健康にもすごく気遣うようになりました。急にオイルの少ないドレッシングを選んだりして（笑）。

常見　僕の場合は、43歳のときの子どもなんですよね。もちろん健康寿命を全うするまでは仕事をする覚悟なんだけれど、子どもが生まれて、なかなか死ねなくなったなということはすごく思いました。

僕も健康に気遣うようになって、去年からお酒も止めちゃいました。酔っぱらって娘にケガさせるのも怖いし、トラブルに巻き込まれるのも避けたいし。あとは、妻や娘をいつでも車で迎えにいけるようにしておきたいし。お酒をやめて痩せたので、「あのお父さん、カッコイイね」と言われたいという気持ちも出てきました（笑）。

保育園で会うお父さんって、自分の教え子くらいの年齢の人もいるんですよ！

宮川　僕、ディズニーランドに行くより、僕と一緒に一日過ごしたほうが楽しいよって言えるんです。そこをどうでもいいと思い始めたら、それはおじいさんだと思っていて。それが、保育園の送迎に一番いい服を着ていくことにもつながっています。決して実際の若さだけが問題じゃないですよ。

妊娠・出産を通して妻はたくましくなった

宮川　僕は20代で骨髄移植を経験していて、精子がつくれなくなるということで、そのとき精子凍結をしました。母が亡くなった後、凍結精子の保存料をずっと払い続けてくれていたことが分かり、その精子を解凍して、妻は妊娠出産したんです。

常見　うちは38歳から子どもが欲しいねという話を始めて、不妊治療をしたんですね。最初は妻だけがクリニックに通っていたのですが、僕に問題があることがわかって、結果として顕微授精で妊娠しました。

宮川　そういう背景もあって、子どもを授かることについて、僕と妻の認識にしばらくはズレがありました。一つだけ後悔しているのは、子どもができたことがわかったときにもっと喜んであげれば良かったということです。外国ドラマなんかでよくあるじゃないですか。「キャサリン!!」みたいな（笑）。

常見　たしかに妊活中は、僕のほうに「ここまでしなきゃいけないのか」という思いはありましたね。サイバーな世界に生きているな、というか。妻は、妊活中も、妊娠中も、出産してからもたくましかったですけどね。

宮川　うちの妻もそうです。わりと子どもっぽい人だと思っていたのですが、妊娠出産を通して、グーッと人として成長してたくましくなりました。僕はそれを支えるしかないと思って、初めて出版した単行本の印税で車を買いました。その車で、毎日、妻の勤務先へ送迎して。少しでも安心させてあげたいという気持ちを態度で示そうとしていましたね。

常見　僕もとにかく、献身しました。いかに快適に過ごしてもらうかを、いつも考えていましたね。

宮川　僕は子どもがいる人生はすばらしいと思うけど、いなくてもいいとも思っているんです。ただ、僕のマンガを読んで、「子どもなんていらないと思ってたけど、これを読んだら欲しくなった」って言ってくれた女性読者さんがいたのは嬉しかったですね。

常見　人の気持ちを変えたんですね。少子化対策ってそういうことかも。「イクメン」と言われても、その主語は誰なんだろうと思うんですよ。

宮川　僕自身はずっと家にいて、ずっと子どもと接して、2階で仕事をしているけれど、下で子どもが呼んだら降りていく。自分としてはラッキーな環境だなと思います。ただ、ITとか、いろいろ技術が発達しているので、そうしたいと思う人が少しでもできるといいなと思います。子どもと一緒にいられる時間って、すごく貴重だと思うんですよね。

常見　子育てのために転勤を申し出た先輩が言っていたのは、「子どもが子どもらしい瞬間は意外と短い」ということでした。日々変化するし。そこに向き合える瞬間は短いということは、ちゃんと認識したいです。

宮川　子どもが小さい時期って、振り返ってみるとほんとうに花火のようだったと思います。ハンバートハンバートという夫婦で歌っているユニットが、2019年の1年間、土日のライブを止めるって宣言したんです。子どもと過ごしたいから、と。そういうことがもっと広がるといいなと思いました。

常見　人生をさまざまなステージに区切ることが、まだ難しいですよね。男性の育児休業義務化を「キャリアの断絶」という視点で危惧する向きもあるけれど、それは女性が長年苦しんできたことでもあるわけですよね。

人生のために働き方を考えるって、すごくステキだと思います。僕が小さい頃は、父親と祖父の闘病を支えながら母が働いていたので、あまりお出かけした思い出がないんですよね。だからというわけではないけれど、今、週末になると娘と一緒に出かけています。子育ては、自分の人生をやり直しているようなところもありますね。

叶った夢は積み重ねの副産物

常見　宮川さんは漫画家になってどのくらいですか。

宮川　6年です。だから、あんまり実感がなくて。電話口で「漫画家の宮川です」と言うのも口はばったいんです。「漫画家の」と言っていいのは手塚治虫先生だけだと思っていて。

常見　そう思う心境はとてもよくわかります。その気持ちって、誰もが持っているものだと思うんですよね。みんな悩んでいると思う。理想の上司像、理想の父親像、理想の母親像、理想の漫画家像。成功モデルが見えないことで、ますます令和は混迷を極めるんじゃないかな。まさに平成という時代は昭和を壊した時代だったのだけれど、結局不安定にしただけで、新しい代替案にはならなかった。著者

になって10年以上やっていても不安だし、会社に勤めていても不安だし。

宮川　僕は描きたいと思うことがたくさんあるタイプだったからこの形でできているけれど、一つのちゃんとした物語を描こうとして闘っている漫画家をたくさん知っているので、「漫画家」と言っていいのか恥ずかしくなります。僕自身は、マンガの仕事がなくなっても、やりたいことはたくさんあるんですよね。

常見　僕も公私ともにやりたいことはたくさんあります。小説を書いてトム・クルーズ主演で全世界公開されたらいいなとかね。

宮川　いいですね。今の時代、そういうことは叶いやすいと思うんです。僕だって、初めて描いたエッセイマンガ（『母を亡くした時、僕は遺骨を食べたいと思った。』）が、倍賞美津子さんがお母さん役で映画化されるなんて嘘みたいな話です。びっくりしました。でもどこかで、このマンガを描いているときに、そうなることを想像していたんです。『情熱大陸への執拗な情熱』を描いていたときも、これを描けば『情熱大陸』に出られると思っていたし。結果的に出られなかったけれど、『情熱大陸』の初代プロデューサーがこの本を持って僕に会いに来てくれたんですよ。そこで「20年の中で、番組に出ることを〝上陸する〟という言葉で表現したのはあなたが初めてです」と言ってくれたんです。

常見　そうだったんですね！　僕のまわりにも上陸したい人、何人かいますよ。ただ、僕たちの立場で「夢は叶う」という言葉で若者を脅迫してはいけないなとも思うんです。「おまえは成功者じゃん」と言われることもあるんですよ。一方で、模索中だという気持ちも多分にあるし。大金持ちにはなれないけれど、「夢は叶うかも」とは思っています。

宮川　僕の体感で言うと、叶ってきた夢は後付けだった気もするんです。映画化させようと思ってマンガを描いていたけれど、漫画家になる前には映画化されることは夢ではなかったんです。結果的に、映画化されてマイクを向けられたときに「僕の夢でした」と言ったけれども、それは嘘で。描きながらマンガ自体が形をなしてくる中で出てきた夢なんです。

常見　スタンフォード大学のジョン・D・クランボルツ教授が提唱した「計画的偶発性理論」という考え方があって。キャリアの8割は偶発的な出会いによって形成されるというものです。スティーブ・ジョブズの有名なスピーチでは「Stay hungry, stay foolish（ハングリーであれ。愚か者であれ）」の部分が聴衆にウケたのだけれど、あの話で大事なのは前半から中盤にかけて語られた「Connecting the dots.」なんです。点と点をつなげ、と。偶発的な経験がつながっていって、人生が広がっていくということなんです。それについて海老原嗣生さんが「夢を叶えるのではなくて、叶う夢と出会うことが大事だ」と言っています。宮川さんの「夢だった」というのも嘘ではなくて、叶えられる夢に出会ったということだと思いますよ。

宮川　映画化されたことだけがクローズアップされるけれど、映画は夢ではあったけれど、積み重ねの結果の副産物ということなんだと思っています。将来、娘に「夢ってなに？」と聞かれたら、答える準備はできています。

現在、父親として成長中

常見　僕、「イクメン」という言葉に違和感があるんです。この言葉がある限り、男にとって育児は特殊だということが可視化されるというか。「イクメン」という言葉が２０１０年に流行語大賞を取ってから約10年経って男性の育休義務化の話が、今年やっと出たけれど、逆に言えば、10年も経っているのにまだ義務化にしないといけないほど広まってないのか、ということなんです。「イクメン」をバックアップするための取り組みが、職場においても社会においてもまだ脆弱だということを表してしまっているんですよね。

宮川　僕も「イクメン」という言葉は苦手です。でも、その言葉が「俺、イクメンだから」と言って笑える、肩の力が抜けた感を生んでいる気もしてはいるんですよね。

常見　すごく理解できます。そこのモヤモヤ感ってありますよね。難しいな。まず、労働者、生活者の人権がちゃんと守られないといけないというのは大前提。男女共同参画社会も前提。子どもを産みたい人が産めて、育てたい人が育てられる社会をつくらないといけないというのも前提。でも正しいが故の堅苦しさを感じている人も多いと思うんです。

イクメンムーブメントに異を唱えちゃいけない息苦しさっていうか。「イクメン」という言葉が、男の子育てのハードルを上げているような気もするんですよね。いいじゃないですか、モテたいと思ってバンドを始めた人が世界を救うラブソングをつくるかもしれないんだから。

宮川　そう！　そうなんです。僕も妻にモテたいんです。僕、『そのオムツ、俺が換えます』の1話目で「（育児を）率先してやっている俺！」と描いて叱られたんです。「それって、育児〝参加〟の立ち位置じゃん」と。でも、やらないよりいいでしょ、と思っていて。

常見　そうそう。

宮川　オムツ換えのときにウェットティッシュの使用枚数が少なくなっていることを、妻に見ていてもらいたいし、「あなた、すごいじゃない」と言ってもらいたい。だから、「率先してやってる俺!」って言うことぐらい許してよ、と思うんです。やってるんだから。やりたいと思ってやっているし、楽しみながら子育てしているんだし。しかも僕のマンガは、父親の成長譚なんだから、待ってほしい。

常見　そうそう。成長するんだもん。待ってほしい。

宮川　ママたちもそうですよね。うちの妻も、今の自分の一挙手一投足が娘に悪い影響を与えるんじゃないかと思ってビビっていた時期があるんです。でも、それは違うと思うんです。いっぱい失敗していいんだけど、その後どうするかということを一緒に考えるのが夫婦だと思うんです。完璧な日常なんて行き過ぎた抗菌みたいな世界だから。

常見　そうですよね。子育てなんて模索の繰り返しでしょう。

宮川　見せたい育児でもいいと思うんです。それがダサかろうが、子どもが笑っているんだから。その前提には愛があるわけだし。

常見　ダサくていいですよね。「イクメン」という言葉は、ビジネス書を読んでいる印象を受けてしまうんですよね。がんばってる様子を見てほしいし、認められたいという下心は、正直なところ、僕にもありますよ。

宮川　ツイッターで同業者がうまくいっているのを見るのがしんどいみたいなものでしょうか。ママたちだって、SNSで子育てを比べるのはキツいですね。本当にどうでもいいことなんだけれど。

常見　ものごとの一点だけを捉えて、ものすごい反射神経で評価する時代になっている気はしますね。失敗って、その時点では失敗かもしれないけれど、あとで大成功につながるかもしれないでしょう。もっと失敗を許容することが大事だし、この手の本音を話すことが大事なんじゃないかという気がします。この本が、男が〝育児のモヤモヤ〟を話し出すきっかけになるといいなと思います。

写真右：宮川サトシ（漫画家）
1978年岐阜県生まれ。2013年に漫画家デビュー。最愛の人との死別を描き多くの共感を呼んだ『母を亡くした時、僕は遺骨を食べたいと思った。』が2019年に映画化。育児エッセイ漫画『そのオムツ、俺が換えます』（講談社）コミックス第１巻発売中。

おわりに

「自分は、父親らしくなれただろうか？」

私の父は39歳で早逝しました。私が生まれる前から闘病生活を送っており、最後の数年は寝たきりでした。「男らしさ」については、父は身をもって教えてくれたように思います。半身不随になっても、歴史学者だった父は最後までペンと洋書、原稿用紙を手放しませんでした。タバコと珈琲を嗜む様子も「男らしい」と感じました。

しかし、「父親らしさ」は正直なところ、わかりません。なんせ、一緒に住んだ時間が短かったですから。ただ、わからなくてよかったのだと思います。昭和的な「男らしさ」や「父親らしさ」の押しつけは、一番、私が苦手なことですから。

よくわからない人生を歩んでいます。数社での会社員生活、大学院での学び直し、大学教員・評論家としての活動……。茶髪、長髪で、プロレスラーやロックミュージシャンのようなルックスの私は職場でも保育園でも浮いています。中途半端だなと思います。でも、これでいいのです。「男らしさ」「父親らしさ」なる言葉を超えて、「私らしく」生きればいいのです。

この本は愛と怒りの本です。意識高い系イクメンムーブメント、さらには男性を仮想敵にした「男よ、育児・家事に取り組め論」に対して、静かな怒りをぶつけまくっています。

いやいや、男性も育児・家事に取り組みはじめていますから。ワンオペではなく、シェアオペを目指していますから。みんな、有給休暇などでやりくりしていますから。育児・家事や仕事にもモヤモヤしてますから。

執筆中に、育休義務化の提案もありました。そうか、また制度というハコモノをつくって、議員や一部の論者の実績づくりが行われるんだと閉口してしまいました。男性が育休を取ることは賛成です。ただ、根本を見直さず、制度を強制するやり方には反対です。

この本は、編集担当の自由国民社の早川章弘さん、構成を担当して頂いたライターの津田麻紀子さんのご尽力がなければ完成しませんでした。そして、大ファンである漫画家宮川サトシ先生には素敵なイラストを描いて頂き。夢のようです。対談も熱かったです。

何より、家族に感謝。どんなにがんばっても、私には出産と授乳はできません。娘ほどには可能性はありません。令和は男女が仲良く、支えあえる時代になるといいなと思っています。この本をキッカケに日本の育児・家事をめぐる議論が変わるといいなと思います。

娘がしあわせな人生を歩めますように。夢を押しつけず、応援をしたいと思います。どんなにがんばっても、アンパンマンに勝てないパパです。でも、世の中を動かしているのはアンパンマンよりも営業マン、サラリーマン。明日からまた生きます。

２０１９年７月　書斎にて　常見陽平

常見陽平（つねみ・ようへい）
千葉商科大学国際教養学部専任講師、働き方評論家。１児の父。1974年生まれ、札幌市出身。一橋大学商学部卒業、同大学院社会学研究科修士課程修了。リクルート、バンダイ、クオリティ・オブ・ライフ、フリーランス活動を経て2015年４月より現職。著書『僕たちはガンダムのジムである』『「就活」と日本社会』『なぜ、残業はなくならないのか』『社畜上等！ 会社で楽しく生きるには』ほか。『現代用語の基礎知識』「働き方事情」の項目を執筆中。

2019年８月８日　初版第１刷発行

僕たちは育児のモヤモヤをもっと語っていいと思う

著　者　　常見陽平
発行人　　伊藤　滋
印刷所　　株式会社光邦
製本所　　新風製本株式会社

発行所　　株式会社自由国民社
〒171-0033　東京都豊島区高田3-10-11
03-6233-0781（代）振替　00100-6-189009

カバーイラスト　宮川サトシ
装　丁　渡部岳大（Well Planning）
本文デザイン＆DTP　有限会社中央制作社

編集協力　津田麻紀子